**탁월한 리더는
무엇이 다른가**

탁월한 리더는 무엇이 다른가

초판 1쇄 인쇄 2021년 3월 29일
초판 1쇄 발행 2021년 4월 12일

지은이 김성준
펴낸이 하인숙

기획총괄 김현종
책임편집 심은정
디자인 Design iF

펴낸곳 ㈜더블북코리아
출판등록 2009년 4월 13일 제2009-000020호
주소 서울시 양천구 목동서로 77 현대월드타워 1713호
전화 02-2061-0765
팩스 02-2061-0766
포스트 post.naver.com/doublebook
페이스북 www.facebook.com/doublebook1
이메일 doublebook@naver.com

© 김성준, 2021
ISBN 979-11-91194-09-8 03320

탁월한 리더는 무엇이 다른가

혼돈의 시대, 압도적인 성과를 내는 리더를 찾아서

김성준 지음

다블북

팬데믹 시대 리더의 자질은 무엇인가

．
．
．

작년부터 시작된 코로나19로 온 세상이 어지럽다. 내가 자문교수 타이틀을 걸어두고, 여러 이슈를 함께 고민하는 대기업들에도 한숨이 가득하다. 거대 공룡인 대기업도 이럴진대 중견·중소기업은 오죽할까. 운수·항공·여행·숙박·외식·쇼핑 업계가 큰 타격을 입고 있다. 몇몇 산업은 회생할 수 없다는 이야기가 나온다.

이 상황에서 리더는 어떻게 해야 할까?

코로나19 시대에 요구되는 리더의 자질을 알려달라는 요청을 여기저기서 많이 받는다. 대학원에서 리더십 과목을 가르치는 사람으로서 지난 몇 개월간 고민을 해왔다. 우선, 포스트 코로나(Post Corona)의 시대정신(Zeitgeist)부터 살펴보고자 했다.

2020년 2월부터 2021년 1월까지 '코로나19', '포스트 코로나'가 포함된 인터넷 문서를 모두 분석해보니 '대비, 대응, 대책, 극복, 변화, 혁신, 전략, 준비, 위원회'와 같은 단어들이 눈에 띄게 나타났다. 이로부터 유추해

보건대, 지금 시점은 사회적으로 이런 심리가 팽배한 듯하다.

"코로나19 이후 세계가 어떻게 될지는 진짜 모르겠다. 어쨌든 기존과는 크게 다를 것 같으니 일단 대응팀이나 준비위원회라도 만들어놓고 보자."

많은 이들이 코로나19를 이야기하면서 스페인 독감을 언급한다. 당시 상황과 그 파급효과를 살펴보면서 시사점을 모색하려 한다. 하지만 내가 보기에는 1980년대 후반에서 1990년대 초반 동유럽 국가들이 겪었던 상황과 비슷하다. 수십 년간 공고히 지켜온 공산주의가 급격히 무너지자 정치 시스템, 법 제도, 금융시장, 노동시장이 급격히 와해되었다. 이때 조직들은 어떤 양태를 보였을까? 사회에 가해진 외부 충격이 크면 클수록 조직은 아무 일도 못 한다. 몸을 잔뜩 움츠리고 수심만 가득한 채 그저 관망하게 된다. 이론적으로는 아래 도표와 같은 패턴이 된다.[1]

사회가 점진적으로 변화하면 그 생태계 내 조직들은 차례차례 적응해

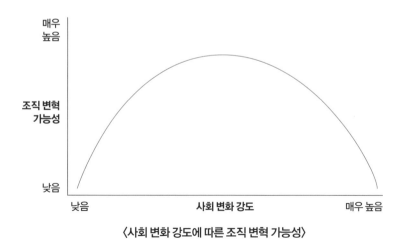

〈사회 변화 강도에 따른 조직 변혁 가능성〉

나간다. 앞서 나가는 조직들이 선제적으로 변화에 적응하며 모범 사례와 실패 사례가 나온다. 그로부터 얻은 시사점을 밑거름 삼아, 보수적인 조직들도 변화한다.

1980년대, 주도권이 판매자에서 구매자에게로 넘어간 시기를 떠올려보자. 사회 인식과 더불어 산업구조가 점진적으로 변화한 시기로 가장 먼저 선진적인 기업들이 TQM(total quality management), 즉 전사적 품질 관리를 도입했다. 그러자 패스트 팔로어(fast follower)들이 TQM을 수용하여 조직을 변화시켰고 뒤늦게 보수적인 조직들조차 그 대열에 합류했다.[2]

하지만 외부에서 마치 권투 선수 무하마드 알리(Muhammad Ali)의 어퍼컷 같은 강한 충격이 사회를 강타하면 어떻게 될까? 순식간에 전기가 나가 암흑 세상이 된다. 그 누구도 선뜻 한 발자국을 앞서 내딛기 어렵다. 무엇을 어떻게 해야 할지 모르기 때문이다.

이 상황에서 우리는 어찌해야 하는가? 한 개인에게는 시대를 돌파하고 이겨낼 혜안이 없다. 나나 당신이 아닌 모든 인류에게 있다. 영화 〈인터스텔라〉의 명대사 "우린 답을 찾을 것이다, 늘 그랬듯이"처럼.

조직도 마찬가지다. 이 어려운 세상에서 조직은 어떻게 살아내야 하는지에 대한 답은 리더 한 개인에게 있지 않다. 임직원 모두에게 달려 있다. 그 과정에서 리더는 무엇을 해야 하는가? 어려울수록 본질로 돌아가라고 했다. 리더의 본질을 고민해보자.

이 책은 리더십의 본질을 찾아가는 여정이다

이 책은 두 가지 질문에 답을 찾아가는 여행이다. 첫 번째는 '리더십은 무엇인가'이다. 그런데 리더십의 정의만 해도 이 세상에 수백 개가 존재한다. 뭇사람마다 '리더라면 이래야 해, 저래야 해'라며 생각을 덧댄다. 갖가지 미사여구를 헤치고 본질을 파헤쳐볼 수 있을까?

두 번째는 '탁월한 리더들은 무엇이 다를까?'라는 화두다. 지난 몇 년간 내 머리를 괴롭혀온 문제다. 밥 먹다가도, 대화하다가도, 샤워하다가도, 산책하다가도 순간순간 생각이 떠오르면 바로 메모장에 적어두고 곰곰이 따져보았다. 고민을 거듭하다 이번에야말로 그 뿌리를 제대로 뽑아보겠다는 심정으로 덤벼든 난제였다.

'우리나라에는 리더가 많지만 리더십은 없다'는 말이 자주 들린다. 우두머리 자리를 차지한 이는 많지만, 그들에게 사람을 이끄는 자질은 절대적으로 부족하다는 의미다. 그 불명예를 언젠가는 이 작은 손으로 떨쳐내고 싶다. 내 인생을 모두 바친다 하더라도 달성하기 쉽지 않기에, 여러 사람과 함께 호흡하면서 꾸준히 노력해야 할 일이다.

끝을 알 수 없는 그 기나긴 여정 앞에서, 탁월한 리더가 보이는 차별적인 특성은 마치 북극성과도 같은 존재였다. 배를 출항시키려면 정확한 방향 설정이 중요하듯, 리더를 키우는 지향점을 명확히 해야 하기 때문이다.

이들 화두의 답을 어떻게 찾을 수 있을까?

요즘은 데이터 시대가 아닌가. 데이터로 인간의 숨겨진 마음까지 길어

내는 시대다. 이들 화두도 데이터로 들여다볼 수 있지 않을까?

과연 리더십이 무엇인지, 학자들은 지난 50년간 무슨 연구를 해왔는지, 일반 대중은 어떻게 느끼고 있는지, 조직에서 일하는 직장인들은 뭐라고 말하는지를 데이터로 볼 수 있을까. 또 리더에게서 수집한 데이터를 가지고 집단을 나누어 분석을 해보면 탁월한 리더의 특성도 발견할 수 있지 않을까. 그러면 리더십을 둘러싼 생각과 현상을 보다 객관적으로 들여다볼 수 있지 않을까. 전에는 알려지지 않은, 무언가 색다른 시사점이 나오지 않을까. 내가 분석한 다음과 같은 사례처럼 말이다.

데이터에 따르면 탁월한 리더는 역사를 공부한다?

어느 날, 데이터를 뜯어보다가 문득 이런 착상이 떠올랐다.

'탁월한 리더는 취미가 다를까?'

무슨 취미가 다를 리가 있겠나, 탁월한 리더를 지나치게 우상화하는 것 아닌가 하고 회의적인 마음이었지만 한편에서는 이런 생각도 들었다.

'일단 데이터가 있으니 분석이나 해보자. 시간이 많이 들지도 않잖아.'

먼저 여러 통계 절차를 거쳐 집단을 나누었다. 그중 탁월한 리더 집단도 있고, 그렇지 않은 집단도 몇 개 있었다. 집단별로 취미에 차이가 있는지 분석했다. 이 데이터는 '귀하는 평소 어떤 취미를 즐기십니까?'라는 질문에 주관식으로 응답한 텍스트였다. 요즘은 텍스트 분석 기술이 발달해 손쉽게 결과를 도출해낼 수 있었다.

탁월한 리더로 분류된 집단에서 나타나는 차별적 특성은 두 가지다.

첫째, 대략적인 경향성만 확인되어 단언하기는 어렵지만, 다른 집단에 비해 독특한 취미들이 나타났다. 자전거를 시리즈로 수집한다거나, 다이 캐스팅 공법(정밀주조법)으로 만들어진 스포츠카 모형을 모으는 등 다소 수집벽이 엿보이는 취미가 더 많았다.

삼성그룹의 이건희 회장이 떠올랐다. 자동차광이었던 그는 총 477억 원 상당의 스포츠카 124대를 수집한 것으로 알려졌다.[4] 그 자동차 수집 벽이 그를 탁월한 리더로 성장하게 만들었을까? 이런 해석은 인과관계가 좀 이상하다. 어쩌면 한 가지에 빠지면 끝장을 보려는 성격이 탁월한 리더로 성장시켰고, 그 성격이 취미로 드러나지 않았을까?

둘째, 확실하게 결론을 내릴 정도로 두드러지게 특징이 나타났는데, '역사를 공부한다'가 다른 집단에 비해 무려 5배나 더 많았다. 우리나라 역사 서적을 탐독한다거나, 동양 또는 서양 미술사를 깊이 있게 공부한다 거나, 중국의 역사를 꿰차고 있었다.

이 결과를 두고 함께 연구하는 동료들과 인과관계로 해석할 수 있느냐, 아니면 그냥 상관으로 봐야 하느냐의 토론이 이어졌다. 인과관계로 본다 면 '취미로 역사를 공부하다 보니 탁월한 리더가 되었다'라고 해석할 수 있다. 그 반대의 가설도 가능하다. '탁월한 리더들은 앞날을 잘 내다보고

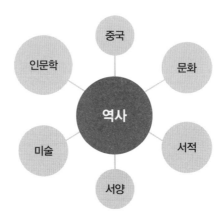

〈탁월한 리더 집단의 취미 분석 결과〉

자 역사를 공부하고 있다'라고.

확인하기 위해 '역사', 그리고 이를 공부하는 일이 어떤 효과가 있는지 살펴봤다. 에드워드 H. 카(Edward H. Carr)는 《역사란 무엇인가?》에서 역사를 "현재와 과거 사이의 끊임없는 대화"라고 단언했다. 그렇다, 역사 공부는 오늘의 눈으로 과거를 보고 과거의 기록으로 오늘을 해석하는 행위이다. 이 과정을 통해 우리가 현재 어느 지점에 와 있고, 어디로 향해 가는지를 가늠할 수 있다. 그래서 미래를 예측하는 눈이 트인다.

예를 들어보겠다. '4차 산업혁명'이 우리나라를 강타하자 그 단어로 시작하는 포럼, 콘퍼런스가 폭증했다. 이를 주제나 부제로 한 서적이 1년 반 동안 약 300권 정도가 출간되었을 정도다.

4차 산업혁명이 그리는 미래가 어떠하든, 그것을 예측하는 접근법은 비슷하다. 바로 과거에 일어난 추이를 먼저 살핀다. '산업혁명' 앞에 '4차'

가 붙어 있으니 1차 산업혁명, 2차 산업혁명, 3차 산업혁명을 검토하는 것이다. 각 혁명이 일어난 시대적 배경과 동인을 살피고, 정치·경제·사회·문화에 어떻게 전방위적으로 영향을 미쳤는지 알아본다. 그다음 4차 산업혁명의 원인을 분석하고, 과거의 패턴에 근간해서 앞날을 예측하려 한다.

최근 코로나19가 우리 사회에 미친 영향도 마찬가지다. 1918년 스페인 독감부터 시작하여 2002년 사스, 2009년 신종플루, 2015년 메르스에 이르기까지 당시 상황들을 면밀하게 살핀다. 그 유행병들로 얼마나 많은 사람이 죽었는지, 어떻게 진정 국면으로 접어들었는지, 사회와 경제에 미친 영향은 어떤지를 따져본다. 그러고 나서 코로나19 다음 상황이 어떻게 펼쳐질지를 예측하려 한다.

당나라 태종 이세민(李世民)은 중국 역사에서 뛰어난 군주로 평가되는데, 자신에게는 세 가지 거울이 있다고 말했다.

동으로 거울을 삼으면 의관을 단정히 할 수 있고, 역사를 거울삼으면 천하의 흥망과 왕조 교체의 원인을 알 수 있으며, 사람을 거울로 삼으면 자기의 득실을 분명하게 할 수 있다.[6]

이처럼 당 태종은 역사의 가치를 깨닫고, 중국 사상 처음으로 국가 차원에서 역사서를 편찬하도록 지시했다. 당 태종이 탁월한 성군이 되었던 배경에는 '역사 공부'가 있지 않았을까.

그래서 "역사를 왜 배워야 하는가?"라는 질문에 많은 역사가가 "과거를 길어 미래를 내다볼 수 있기 때문"이라고 답한다.

이런 논지에서 앞의 분석 결과를 보자. '취미로 역사를 공부한다'가 탁월한 리더 집단에서 5배나 많이 나왔음을 인과관계로 해석할 수 있을 듯하다. 역사 공부가 탁월한 리더로 성장하도록 밑거름이 되었다고 말이다.

데이터를 통한 분석은 이처럼 경험치에 객관성을 더한다. 이 책 역시 데이터를 통해 탁월한 리더의 특성을 찾아보려는 여정이다.

1장에서는 리더가 어려운 이유를, 2장에서는 그동안 리더십을 연구하고 수많은 리더를 접하면서 관찰한 현상을 고찰한다. 3장에서는 이론과 데이터로 연구하는 리더십 학자들이 어떤 통찰을 얻어왔는지 살핀다. 수천 편의 논문을 최대한 집약해 한눈에 보여줄 계획이다. 4장에서는 일반 대중이 리더에게 느끼는 감정을 데이터로 들여다본다. 5장에서는 회사에서 구성원들이 리더를 관찰한 결과를 분석한다. 구성원들이 가장 가치 있게 여기는 리더의 특성은 무엇일까? 최악의 리더로 평가받는 사람들에게는 어떤 특성이 있을까? 6장에서는 탁월한 리더 집단을 따로 구분하고, 다른 리더 집단에 비해 차별적으로 드러나는 특성을 탐험한다. 끝으로 7장에서는 그 특성을 어떻게 내 것으로 할 수 있는지 살펴본다.

차례

프롤로그: 팬데믹 시대 리더의 자질은 무엇인가 4

1장 리더십은 모든 사람의 이론이다

우리 곁에는 늘 리더가 존재한다   — 19

리더십은 만인의 암묵적 학문이다   — 22

저마다 바람직한 리더상이 다르다   — 26

그래서 리더가 힘들다   — 30

2장 사람들은 리더십에 색안경을 낀다

리더는 정말로 바뀌지 않는가   — 35

리더십은 부하들의 인기투표에 불과할까   — 40

리더십은 성과와 관련이 없을까   — 44

이제 리더십을 데이터로 보자   — 50

3장 리더십 연구의 역사는 유구하다

5000년 전에도 리더십을 고민했다   — 53

1900년대 리더십 연구가 폭증했다 — 57

오늘날에도 리더십 고민은 지속된다 — 59

데이터로 리더십을 정의해보자 — 64

세계 최고의 리더십 학술지를 분해해보자 — 71

4장 대중은 리더를 어떻게 생각할까

소셜 미디어에 드러난 리더의 모습을 살피다 — 87

독특성 패러독스가 드러나다 — 93

진실의 순간에 리더는 어떤 모습을 보여야 할까 — 96

5장 기업 구성원은 리더를 어떻게 볼까

200개 회사, 10만 명의 평가를 살피다 — 103

구성원은 어떤 리더 특성이 가치 있다고 할까 — 109

안리특, 안타까운 리더의 특성을 찾아서 — 123

6장 탁월한 리더는 무엇이 다를까

탁월한 리더 특성을 왜 알아야 할까 — 129

탁리특 분석을 위해 10만 건의 자료를 모으다 — 134

데이터 탐색적 방식으로 탁리특을 분석하다 — 137

탁리특 변수를 11개로 집약하다 — 141

리더를 5개 유형으로 나누다 — 145

탁월한 리더의 반대, 부족형은 왜 그럴까 — 152

리더 유형별 성과는 탁월형이 가장 높다 — 160

탁월한 리더 특성 #1 환경을 보는 가정이 다르다 — 169

탁월한 리더 특성 #2 구성원을 보는 가정이 다르다 — 180

탁월한 리더 특성 #3 성과-사람관리에 대한 가정이 다르다 — 191

7장 탁월성을 추구해보자

우리도 탁월한 리더가 될 수 있다 — 201

바뀔 수 있다, 유한성을 자각하자 — 213

리더로서 진실의 순간을 연습하자 — 217

안리특에서 배우자 — 220

환경에 대한 가정을 검토해보자 — 224

구성원에 대한 가정을 검토해보자 — 231

성과-사람관리에 대한 가정을 검토해보자 — 235

에필로그: 리더십 신수설은 없다 241

참고자료 244

1장

⋮

리더십은
모든 사람의 이론이다

The
Secret of
Highly
Successful
Leaders

**리더십은
모든 사람의
이론이다**

우리 곁에는 늘
리더가 존재한다

우리는 누구나 리더십의 지붕 아래서 살아가기에 리더십을 논할 수 있다. 그래서 리더십은 모든 사람의 이론이라고 할 수 있다. 의식하지 못 했지만 나에게도 리더십을 가깝게 느껴본 경험이 있다. 그 이야기로 시작해보려 한다.

내 아버지의 마지막 졸업장은 초등학교에서 받은 것이었다. 학력은 보잘것없지만, 매우 성실하게 살아오신 분으로 집에서 화 한 번 내지 않고 상소리 한 번 하지 않으셨다. 어머니 역시 밖에서 고생하는 가장을 격려하며 늘 힘을 북돋워주셨다. 그런 두 분의 모습을 보면서 그것이 세상살이의 전부인 줄 알았다.

그래서였을까? 어린 시절에는 내게 '공부'가 무의미했다. 도대체 왜 공부를 해야 하는지, 공부가 인생을 어떻게 바꾸어놓을지 전혀 알지 못했다. 별다른 꿈 없이 기계공업고등학교를 갔고 자격증을 따서 자동차 수리공으로 생계를 유지하려 했다.

그 시절 《성서》를 읽을 때마다 '암 하아레츠(Am-Haaretz)'라는 표현에 마음이 사로잡히곤 했다. 《성서》에 70여 회 언급된 히브리어로, '땅의 사람들(people of the land)'이란 의미다. 초기에는 토착민을 지칭하다 나중에는 비천한 사람들을 경멸하는 표현으로 사용되었다. 부모님도 나도 땅의 사람으로 '암 하아레츠'가 내 혈통이자 본질이며 정체성이었다.

고3 여름방학에 조기 취업을 나가 사고 치는 일 없이, 그저 오늘을 열심히 살았다.

어느 날, 회사에서 만난 네 살 많은 사수형의 권유로 나들이를 나갔다. 무더운 9월 초의 늦여름, 에어컨도 없는 구형 프라이드 자동차 안에서 땀을 뻘뻘 흘리면서 형이 2시간여 차를 몰아 간 곳은 광주광역시에 있는 전남대학교였다.

생애 처음으로 그처럼 넓은 대학교를 가봤다. 어느 건물에는 '민주화 정신을 계속 이어나가자'라는 플래카드가 크게 걸렸고, 그늘진 나무 밑에는 책을 읽는 학생들, 기타를 치고 노래하는 학생들이 있었다. 기껏해야 나보다 두세 살 많을 뿐인데, 왜 저들의 얼굴은 저리도 빛나 보인단 말인가.

문득 사수형이 내게 물었다.

"너 이런 곳에 다니고 싶지 않냐?"

"글쎄요."

"아휴, 나는 저기에 있는 애들처럼 대학교를 좀 다녀보고 싶다."

알고 보니 사수형은 중학교만 졸업했다. 대학교는 가고 싶은데 고등학교 졸업장도 없고 경제적 여력도 없었다. 하지만 대학교를 동경해 주말에 유명하다는 대학교를 한 번씩 다녀온다고 했다.

그날의 일은 내 마음에 작지 않은 파문을 일으켰다. 그저 성실하게 오늘을 사는 일, 그게 전부인 줄 알았는데 내게 전혀 다른 세계가 열렸다. 전남대학교 캠퍼스에 있었던 그 형과 누나들이 가진 듯한 그 무언가가 내게는 없음을 자각했다. 그해 스무 살, 거울을 보면서 되뇌었다.

'내 꿈은 과연 뭐지?'
'난 무엇을 위해 오늘을 성실하게 사는 거지?'

입대 전, 결심을 했다. 아직 꿈이 무엇인지 모르겠지만, 나도 대학교에 들어가서 꿈을 찾아보리라.

제대하고 난 후 수능을 준비하려 했지만, 부모님께 공부시켜달라고 손을 벌릴 수는 없었다. 수능 입시학원은 꿈꿀 수도 없었고 빳빳한 새 참고서도 언감생심이었다. 헌책방에 가서 일이천 원짜리 중고 서적을 몇 권 사서 수능 준비를 시작했다. 눈에 불을 켜고 만점을 받겠다는 굳은 다짐으로. 그런데 웬걸, 텔레비전과 라디오 같은 방해꾼들이 집중을 훼방 놓았다. 이러면 안 될 것 같아, 당시 창고로 쓰던 골방을 치우고 처박혀서 도닦듯 밤낮으로 참고서만 봤다.

하지만 수능 준비를 한 번도 해본 적이 없고 학원도 안 가 무엇을 공부해야 할지 몰랐다. 공통과학이 있는데 왜 또 물리I, 물리II가 있단 말인가. 서점에 가서 기웃거리다 참고서를 고르는 고등학생 한 명을 붙잡았다.

"물리I, 물리II는 왜 구분하는 거예요?"

이렇게 진지하게 물어보던 20대의 내 모습이 아직도 눈에 선하다.

인도해줄 선생님도 없이 오로지 참고서와만 대화를 나누던 그 외로웠던 시절에 나는 '긍정적으로 나를 자극하고 이끌어줄 선배, 선생님, 리더가 내 주변에도 있다면 좋을 텐데. 그러면 보다 빨리 철 들어서 이렇게 힘들지 않아도 될 텐데' 하고 불만을 가졌다.

그런데 훌륭한 리더가 내 근처에 없었던 게 아니라, 내게 훌륭한 리더를 보는 눈이 없었다. 리더십을 연구하면서 돌이켜보니, 네 살 많았던 그 사수형이 내게 긍정적인 영향을 미친, 인생에서 가장 큰 변곡점을 찍게 만든 내 인생 최초의 리더였다. 어린 나에게 오감으로 지적 자극을 주고 삶을 진득하게 고민하게 해주었으니 말이다.

이를 깨달은 후, 한동안 나는 훌륭한 리더란 '지적으로 자극을 주는 사람', '보다 더 발전하게 하는 사람'이라고 믿게 되었다. 궁극적으로, 나를 이끌어줄 훌륭한 리더가 주변에 없다고 탓하기 전에 먼저 나를 돌아봐야 함을 알았다.

리더십은 만인의
암묵적 학문이다

나는 리더십을 '만인의 암묵적 학문'이라 칭한다. 무슨 의미일까?

나는 상당히 내향적인 기질로 다양한 사람들과 얕은 만남을 갖기보다

소수의 지인과 밀도 깊은 시간 보내기를 선호한다. 말을 많이 하면 기력이 떨어지는 스타일이라 먼저 다가가서 말을 건네는 편도 아니다. 그럼에도 내가 먼저 항상 말을 건네는 분들이 있는데, 바로 택시기사님이다. 이들은 운전하는 동안 라디오와 손님을 통해 지속적으로 세상사를 접한다. 민심이 흐르는 강에서 노를 젓는 분들이기에, 내게는 세상이 어떻게 돌아가는지 들여다볼 또 하나의 창구가 된다.

내가 만난 기사님들은 경제와 정치 이야기를 자주 했는데 이들은 곧 하나로 이어졌다. 정치인, 관료인, 경제인의 리더십이다. 물론 사회 지도층을 가까이서 직접 겪고 느낀 바를 이야기하는 것은 아니다. 오로지 라디오, 뉴스, 유튜브와 같은 미디어를 통해 알려진 언행만을 가지고 이야기한다. 그들이 선택한 결정이 옳은지 그른지, 최종 결과물이 긍정적인지 부정적인지를 놓고, 본인 나름대로 리더십을 판단한다.

직장인도 누구나 상사의 자질을 평한다. 점심이나 저녁을 먹다가, 술자리에서도 자주 마주하는 대화 소재다. '팀장이라면 이래야 해!', '임원과 사장이라면 저래야 해!' 그들이 어떤 자질을 갖추어야 하는지, 언행이 어떠해야 하는지를 침이 마르게 설파한다.

방학 기간에 인턴 사원으로 일하는 어느 대학생과 면담을 한 적이 있었다. 이런저런 얘기를 나누다, 리더십으로 화두가 번졌다. 그는 포털사이트나 블로그에 직장인들이 상사 때문에 회사 다니기 힘들다고 토로하는 글이 예전에는 이해가 안 됐는데 이제는 가슴으로 느껴진다고 했다. 아무리 생각해봐도 리더 역할이 그게 아닌 듯한데, 자꾸 보고서에 빨간펜만

칠하고 있다며 답답해했다.

이처럼 아직 사회인으로 제대로 된 한 걸음을 떼지 못한 인턴도 한마디쯤 거들 수 있는 주제가 바로 리더십이다.

사람들은 어떤 과정을 거쳐서 리더십을 알게 될까?

첫째, 우리는 어릴 때부터 누군가가 집단을 이끌어가는 행위를 관찰하고 직접 겪는다. 유치원에 들어가면 선생님, 초등학교에 들어가면 회장, 종교 집단에서는 목회자 등 유아에서 성인으로 가는 과정 곳곳에서 리더와 만나고 그들이 만든 지붕 아래서 리더십을 겪는다. 어떤 지붕은 넓고 튼튼하여 폭우가 와도 안심하고 뛰어놀 수 있지만, 어떤 지붕은 좁은 데다 구멍이 숭숭 뚫려 보슬비만 와도 옴짝달싹 못 하고 몸을 사리고 있어야만 한다. 그 때문인지 집단을 이끄는 행위에 대한 원형적인 이미지를 누구나 가지고 있다.

둘째, 역사적 인물에게서 암묵적으로 배운다. 세종대왕께서 야밤에 집현전에서 공부하다 잠들어버린 신숙주에게 자신의 옷을 덮어준 일이나, 이순신 장군께서 생의 마지막 순간에 '나의 죽음을 적에게 알리지 마라'고 했던 일을 통해 리더십의 정수를 느끼기도 한다.

어린 시절 내게 가장 강렬한 인상을 준 위인은 '정기룡' 장군이었다. 아주 잘생긴 명마 위에 꼿꼿이 앉아 기세를 뿜어내던 책 표지의 그림이 아직도 기억에 남는다.

정기룡 장군은 1592년 일어난 임진왜란 7년 동안 '63전 62승'을 거둬 '육전(陸戰)의 명장'이라는 별명을 얻었다. 그러나 그는 당대에도 후대에도 그리 인정을 받지 못했다. 그럼에도 정기룡 장군은 온 힘을 쏟아 자신의 소명을 다했기에 나도 정기룡 장군 같은 사람이 되어야겠다고 다짐했다. 200자 원고지에 한 글자씩 또박또박 써내려갔던 독후감이 기억에 선하다.

셋째, 많은 국민이 사랑하는 스포츠를 통해 집단적으로 학습한다. 본프레레(Jo Bonfrere) 감독은 2004년부터 2005년까지 우리나라 축구 국가대표 사령탑을 맡았다. 히딩크와 같은 네덜란드 국적 감독이어서 국민의 기대치가 한껏 타올랐지만, 시합에 패할 때마다 선수들을 탓했기 때문에 순식간에 외면을 받고 말았다.

미디어를 통해 "나는 정보를 많이 제공했지만 선수들이 적극성을 보이지 않았다", "전술에는 문제가 없었다, 정신력에서 미흡했던 선수들의 준비 부족이 문제다"[8] 같은 그의 인터뷰는 국민의 공분을 샀다. '감독이 어떻게 선수들에게 책임을 돌릴 수가 있지? 리더는 그렇게 해선 안 돼!'라고 반응했다.

여러분은 어떤가? '리더십이 무엇이라고 생각하느냐'는 질문을 받았다고 상상해보자. 아마도 여러분은 잠시 호흡을 고른 후 곧바로 자기 생각을 말하려 할 것이다. 평소에 리더라면 어떤 역할을 하고 어떤 일을 해야 하는지 생각해왔다는 증거다. 이처럼 누구나 논할 수 있기에 나는 리더십을 '만인의 암묵적 학문'이라 부른다.

저마다 바람직한
리더상이 다르다

위 그림은 세계적인 리더십 교육기관인 CCL(Center for Creative Leadership)에서 만들었다. 대학원 수업에서 학생들과 토론하거나 리더와 대화를 나눌 때 자주 활용한다. 그림 중에서 여러분이 생각하는 바람직한 리더상에 가장 가까운 것 1개를 골라보자.

싸움을 진두지휘하는 장군이 그려진 첫 번째 그림을 선택했는가? 목숨을 잃을지 모르는 두려운 상황에서도 누구보다 앞서 나가는 사람, 최악의 상황에서도 솔선수범하는 사람이라는 생각으로 선택했을지 모른다.

지휘자 그림을 골랐다면 그 이유는 무엇인가? 서로 다른 재능을 가진 사람들을 조화롭게 규합해 아름다운 선율을 들려주는 것이 최고의 리더십이라 믿기 때문일 수 있다.

어떤 이들은 아기를 품에 안은 아버지 또는 어머니의 그림을 선택한다. 부모와 같은 심정으로 때로는 엄하지만 사랑하고 지켜주는 게 리더의 역할이라 보는 것이다. 두 사람이 악수하는 사진을 고른 이는 실타래처럼 얽힌 이해관계를 풀어나가고 조율하여 공동의 이익을 추구하는 것이 리더십의 요체라고 생각한다. 보통 종교계 또는 자원봉사 단체에서 일하는 분들이 촛불을 선택하는데 어둡고 험한 세상에서 빛이 되는 존재가 진정한 리더라 믿기 때문이다.

모두가 각기 다른 그림을 선택하고 이유 역시 다르다. 왜 그럴까?

각자 성장하면서 겪은 리더십이 다르기 때문이다. 어떤 이는 사회 초년생 시절에 만난 리더가 매우 엄한 아버지 같은 분이었다고 한다. 그 리더는 사소한 실수도 그냥 넘어가지 않고 눈물이 쏙 빠지게 다그치고 혼냈는데 회사에 사직서를 내야 할 정도로 큰 실수를 저질렀을 때는 오히려 감싸주고, 모든 책임을 자신이 지려는 모습을 보였다고 한다. 그 후 그의 바람직한 리더상은 그때 그 상사가 되어버렸고 그래서 그림에서 아이를 안은 부모의 이미지를 골랐다.

어느 리더는 신입사원 때 겪은 일화를 들려주었다. 입사 환영회에서 몇 순배의 소주잔이 오고 갔을 무렵, 팀장이 그에게 물었다.

"이 회사에 왜 취직을 했습니까?"

그는 딱히 할 말이 떠오르지 않았고 정직이 최상의 방책이란 생각에 솔직하게 대답했다.

"돈 벌러 왔습니다. 결혼도 해야 하고요."

그러자 팀장이 정색을 했다.

"그런 이유라면 빨리 그만두세요. 회사 출근은 자신의 명예를 지키는 일입니다. 그 명예에 얼마나 가치를 두느냐에 따라 일하는 자세가 달라집니다. 사원이지만 사장의 명예로 다닐 수도 있습니다. 돈은 그에 따라오는 부산물일 뿐입니다. 돈이 아니라 자신의 명예를 지키고 키우세요."

팀장의 말이 자신을 크게 각성시켰고, 이후 그에게 리더란 '명예를 지키는 사람'을 의미하게 되었다고 한다. 그러면서 그는 그림에는 마음에 와닿는 것이 없고 직접 그리라면, 가슴에 훈장이 달린 사람을 그리겠다고 했다.

어떤 경우는 '내가 나중에 리더가 되면 저런 모습은 되지 말아야지' 하는 생각을 심어주는 사람을 통해 리더상을 그리기도 한다.

한 리더는 자신이 모신 상사가 매일 기준을 바꿔 도대체 어느 장단에 맞춰 춤을 추어야 할지 알기 어려웠다고 했다. 어제 A로 하라고 해서 오늘

A대로 보고서를 가져갔더니 결재판을 날리면서 왜 시킨 대로만 하냐고 온갖 성질을 부렸다. 그래서 이번에는 고민을 거듭해 본인 생각을 덧붙여서 가져갔더니 역시 결재판을 던져버리면서 시킨 일도 제대로 못 하는 머저리냐, 왜 말도 안 되는 이야기를 덧붙였냐고 화를 냈다고 한다. 그런 상사를 오랫동안 모신 후 그는 바람직한 리더십의 요체는 '일관된 기준과 언행'임을 깨달았다. 그는 일관된 원칙으로 상호작용하는 듯한 느낌이라면서 화살표가 위아래로 그려진 여섯 번째그림을 골랐다.

자기가 속한 조직에 영향을 받기도 한다. 정부 부처에서 근무하는 이에게 바람직한 리더상을 묻자 그는 '개인의 영달은 저 지하실 깊숙한 곳에 묻어 꺼내 보지 않는 사람, 국민을 위해 한 몸 바치겠다는 자세로 일하는 사람'이라고 밝혔다. 공공기관에 속한 이들과 리더십을 화두로 대화를 나누면, 맥락 속에 '대국민'이라는 관념이 존재하는 경우를 종종 발견한다.

종교 단체에서 일하는 분에게도 물었다. 그녀는 '신앙인으로서 모범을 보이는 사람, 신께서 주신 소명을 다하고 그 양무리를 잘 치는 사람'이라고 답했다.

여러분이 생각하는 바람직한 리더상은 무엇인가? 여러분의 어떤 경험이 그 이미지에 영향을 미쳤는가? 현재 속한 조직이 어떤 영향을 미치고 있는가?

그래서 리더가
힘들다

이처럼 리더십은 모든 사람이 한마디씩 거들 수 있는 만인의 학문으로 바람직하게 여기는 리더십 모습이 각기 다르다. 사람마다 성장 배경, 중시하는 가치관, 소속 조직이 다르기에 리더십을 보는 관점도 모두 다르다. 그리고 마음속에 암묵적으로 존재하는 바람직한 리더상을 가지고 상사를 평가하려 한다. 그래서 리더가 힘들다. 리더는 서로 다른 기대들, 다양한 바람 속에서 살아야 하기 때문이다.

어느 대표는 내게 하소연을 늘어놓았다. 그가 종사하는 산업은 개개인의 창의적이고 독창적인 아이디어가 핵심이라 창업 초기, 구성원이 서너 명일 때부터 그들의 의견을 중시하는 기조로 조직을 끌고 나갔다. 한 번도 '그건 안 된다'라고 얘기하지 않았고 구성원이 수십 명이 될 때까지 꾸준히 의견을 듣고 반영해왔다. 그런데 어떤 구성원들이 불만을 토로했다.

"왜 대표님은 결단력이 없으시냐, 다른 의견 들을 필요 없이 바로 결정하기도 하셔야 한다."

그래서 그 말대로 했더니 이번에는 다른 구성원들이 불평을 했다.

"왜 대표님은 독단적이시냐, 우리가 그 사안을 어떻게 생각하는지 들어보시기는 하셔야 하지 않느냐."

본인 스스로 내적 갈등을 겪기도 한다. 평소 친하게 지내는 중소기업 대표에게 전화를 받았다. 조직 내부에서 벌어지는 여러 문제로 골치가 아프다며 나에게 하소연 좀 들어달라고 했다.

그의 말을 듣고 있노라니, 리더가 해야 할 역할에 혼란을 겪는 듯했고 그게 여러 문제의 원인으로 보였다. 그에게 앞서 제시했던 그림을 보여주면서, 본인이 생각하기에 바람직한 리더의 모습을 골라 달라고 했다. 그는 산과 바다가 그려진 그림을 짚으며 이유를 이야기했다.

"구성원들에게 산처럼 우직한 모습을 보여주고 싶고, 바다처럼 넓은 마음으로 그들의 다양한 의견들도 수렴하고 싶다."

그다음 현재 자신의 모습을 선택해달라고 했다. 그러자 그는 병사들 앞에 선 장군 이미지를 골랐다.

"일방적으로 지시만 하는 것 같아서…."

본인은 전자와 같이 되기를 바라는데, 현실은 그렇지 못해 힘들다고 했다. 지시하고 나면 마음이 괴롭고, 한편으로는 구성원들의 생각을 듣고 의견을 수렴하자니 일정이 바빠 어찌해야 할지 혼란스럽다고 토로했다.

사회 초년생 시절에 함께 일했던 팀장님과 전무님 간의 일화도 기억난다. 두 분은 리더의 역할에 대한 철학이 양극단에 있었다. 팀장님은 구성원의 역량이 부족해도 역량 개발 시간을 충분히 주고 기다려야 한다고 여겼고 전무님은 적성에 맞지 않아 보이면 빨리 다른 일을 하도록 직무를 바꿔줘야 한다고 믿었다. 이처럼 관점이 완전히 대척점에 있었기에, 팀원 관리에 있어서 사사건건 의견 차이를 보였다.

이는 어느 쪽 생각이 옳다 그르다 따질 수 없는 문제다. 무엇보다 두 분의 궁극적인 목적이 구성원의 발전과 행복이었기 때문이다.

한 번은 회식 후 회사에 놓고 온 물건이 있어서 다시 사무실로 돌아갔다. 모두 퇴근했는지 사무실은 어두웠다. 불을 켜니 팀장님 홀로 책상에 앉아 있는게 보였다. 눈 주위가 붉은 것으로 보아, 감정적인 소용돌이를 겪으신 듯했다. 퇴근 안 하시냐고 조심스레 여쭈니, 잠시 생각할 일이 있다고 하셨다. 그날 낮에 전무님과 사람 문제로 회의를 하다가 여러 말씀을 들으셨던 것 같다.

이처럼 '리더'라는 두 글자는 누구에게나 같은데, 해석은 각자 다르다. 백 명이 있다면 백 명의 생각이 모두 다르다. 다시 한 번 말하지만, 그래서 리더가 힘들다.

2장

사람들은 리더십에 색안경을 낀다

The
Secret of
Highly
Successful
Leaders

사람들은
리더십에
색안경을 낀다

리더는 정말로
바뀌지 않는가

리더십에 대한 대표적인 편견은 '리더는 바뀌지 않는다, 리더십은 부하들의 인기투표에 불과하다, 리더십은 성과와 관련이 없다'이다. 이 주장들을 살펴보자.

'사람은 고쳐 쓰는 거 아니다', '리더십은 개발될 수 없다'라는 말이 흔하다. 현업에서 다양한 리더를 관찰하고 진단하고 데이터를 분석하면서 느낀 바는 '안 변하는 리더가 꽤 많다, 그런데 변하는 리더도 꽤 많다'이다.

이를 철학적 사고로 고찰해보자. 인간의 뇌는 사물을 인지하고 확인하는 데 들어가는 에너지를 최대한 효율적으로 운용하려 하기에 개체마다 고유한 이름을 붙이지 않는다. 동네에서 스쳐 지나가는 개들을 보라. 저마다의 특성을 가진 개별 존재들이지만, 우리는 그 생명체를 통칭하여 '개', '강아지'라 한다.

그 각자에게 이름을 붙인다면 우리 뇌가 얼마나 피곤할까. 원활한 소통을 위해 동네 주민들끼리도 합의해야 한다.

"얘는 개똥이라고 부르자, 쟤는 발발이라고 부르자."

그러자면 동네 주민 회의를 거쳐야 하는 등 굉장히 비효율적인 데다 아무 가치가 없는 일을 해야 한다. 모든 개체 이름을 일일이 외우는 일도 만만치 않다. 그래서 인간은 인지적 편리성을 추구해 유사 개체를 집합으로 뭉뚱그려 하나의 개념으로 머릿속에서 관리한다. '이렇게 생긴 애들은 모두 개라고 부르자, 저런 모양의 동물은 모두 고양이라 부르자'라고.

그 덕에 머리는 간명해지지만, 그 편의가 인식 오류를 유발한다. 그리스 철학자 헤라클레이토스(Heraclitus of Ephesus)는 이를 '집합 오류(collectivist fallacy)' 또는 '동일시의 오류(same word same thing fallacy)'라 불렀다.[9] 모든 개체에 똑같은 명칭을 붙였기에 각자가 가진 특수성과 차이점을 깡그리 간과하게 만드는 것이다.

세상에 존재하는 70억 인간을 '사람'이라는 한 단어로 통칭하고 "사람은 안 변해", "아니야! 사람은 변할 수 있어!"라고들 싸운다. 리더에 대한 생각도 마찬가지다. 사람을 이끌어 나가는 다양한 군상들을 '리더'라는 한 단어로 표현하고는 "리더는 절대 바뀌지 않는다", "아니다, 바뀔 수 있다"라고 갑론을박을 한다.

사실상 이 논쟁은 무의미하다. 헤라클레이토스의 지적대로, 화두 자체에 오류가 있다. 함정을 간과하고 이분법적으로 대립하게 만들기 때문이다. 70억 인구를 놓고 보면 변하지 않는 김 씨, 박 씨, 최 씨가 있고 짧은 기간에 크게 변하는 김 씨, 박 씨, 최 씨가 있다. '리더'도 마찬가지다. 변하지 않는 김 대표, 박 전무, 강 팀장이 있고 단기간에 빠르게 변하는 김 대표, 박 전무, 강 팀장이 있다.

이처럼 인식의 오류 위에 나온 논쟁인데도 우리는 왜 '리더는 타고난다', '리더는 개발된다'는 싸움을 지속하고 있을까?

이 논쟁을 볼 때마다, 600년 전의 설왕설래(說往說來)가 떠오른다. 《조선왕조실록》의 세종 26년 2월 20일 기록에 '집현전 부제학 최만리 등이 언문 제작의 부당함을 아뢰다'가 있다.[10] 앞서 탁월한 리더는 역사를 공부한다는 결과에 감흥을 받아서, 《조선왕조실록》으로 공부를 했는데 이 부분에서 강렬한 전율이 일어서 특히 기억에 남는다.

세종대왕이 훈민정음을 만들어 반포하려 하자, 당시 집현전 부제학이던 최만리와 정창손 등 일곱 대신이 여섯 가지 논거를 들어 반대 상소를 올린다. 세종은 그 상소문을 보자 혈압이 오르고 화가 나셨는지 본인이 직접 조목조목 반박한다. 마지막에는 정창손을 콕 짚어서 말한다. 이 대화를 작가적 상상력을 조금 보태서 구성해봤다.

세　종: 내가 지난번에 네게 '언문으로 《삼강행실》을 번역해 백성에게 반포하면, 어리석은 남녀가 모두 쉽게 깨달아 충신, 효자, 열녀가 반드시 무더기로 나올 것'이라고 했다. 내 말에 정창손, 너는 뭐라 했느냐?

정창손: 그래도 충신, 효자, 열녀가 무리로 나오지 않을 것이라고 아뢰었습니다. 사람이 행하고 행하지 않는 것은 지식이 아니라 자질에 달렸기 때문입니다. 사람은 타고난 대로 행하는 법입니다.

세　　종: 그렇다면 성현의 가르침은 왜 존재하며 왜 사람이 성현의 말을 듣
　　　　고 배워야 하느냐. 그따위가 어찌 선비의 이치를 아는 말이겠느냐.
　　　　너 같은 이는 아무짝에도 쓸데없는 속된 선비라 아니할 수 없다.

세종대왕은 화가 머리끝까지 치밀어 일곱 대신을 옥에 가두라는 명령
을 내리지만 곧 후회한다. 언로가 막히면 안 된다고 여겨 다음 날 신하들
을 석방하라고 명한다. 하지만 오직 정창손만큼은 관직에서 파직한다.

미국 심리학에는 유명한 '암묵적 인간 이론(implicit person theory)'이 있
다.[11] 사람은 누구나 인간의 특성(성격, 태도, 지능, 능력 등)을 판단하는 자의
적인 기준을 가지며, 그에 따라 판단하고 반응한다는 주장이다. 이에 의하
면 인간은 두 가지 신념을 가지는 것으로 나타났다.

하나는 인간의 성격과 능력은 타고나며 '고정'되어 있기에 인생 전반에
걸쳐 변하지 않는다는 고정이론(entity theory) 또는 고정 마인드셋(fixed
mindset)이다. 다른 하나는 변할 수 있고 충분히 개발 가능하다는 성장이
론(incremental theory), 성장 마인드셋(growth mindset)이다.

고정이론 신봉자들은 시험에 떨어지면 이렇게 자조한다.

"내가 멍청해서 그 시험에 떨어질 수밖에 없었다."

누군가 빵을 훔쳤다면 이렇게 추론한다.

"정직하지 않은 사람이기 때문에 빵을 훔쳤을 거야."

이렇게 사람의 타고난 본성에 귀인하려 한다.

반면, 성장이론 신봉자들은 반응이 다르다.

"내가 시험에 떨어진 이유는 열심히 노력하지 않았기 때문이야."

"그 사람은 자포자기해서 빵을 훔칠 수밖에 없었을 거야."

연구에 의하면 성장이론을 가진 아이가 고정이론을 가진 아이보다 어려운 문제에 더 잘 도전했다. 중·고등학생 대상의 연구에 의하면, 성장이론을 믿는 학생들이 그렇지 않은 학생들보다 학업 성취도 향상이 두드러졌다. 관리자 대상의 연구에서는 성장이론을 가진 리더들이 그렇지 않은 리더에 비해 구성원들을 개발하고자 더 많은 시간을 들이고, 더 많이 코치하려 했다.[12]

《조선왕조실록》을 다시 생각해보자. 세종대왕과 정창손은 어떤 이론의 신봉자였을까? 세종대왕은 성장이론으로 백성을 바라봤다. 한자보다 쉬운 한글을 익히면, 《삼강행실》 같은 책을 읽고 깨달아 백성들의 태도와 행동이 달라진다고 믿었다. 반면 정창손은 고정이론을 신봉했기에 사람이 행하고 행하지 않음이 타고난 자질에 달려 있다고 주장했다.

나는 성장이론을 견지해주신 세종대왕께 정말 감사하다. 덕분에 훈민정음이 세상에 나왔고, 오늘날 우리가 쉬우면서도 과학적인 한글 덕분에 컴퓨터와 스마트폰을 최대한 이용해 간편하게 소통할 수 있다.

성장이론이 근간이 되어 세종대왕은 장영실을 중용하였다. 장영실의 아버지는 중국에서 귀화했고, 어머니는 부산 동래현의 관기였기에 원래 천한 신분이었다.[13] 정창손의 논리에 의하면 천민은 태생적으로 천하고 능력이 미천하므로, 장영실 같은 사람은 등용할 수 없다. 그러나 세종대왕은 장영실의 재능을 아끼고 중용하였다.

그렇다면 우리는 어떤 신념을 가져야 하는가?

나는 고정이론을 포용하면서, 성장이론을 추종한다. 70억 인구 개개인을 보면 변하지 않는 사람이 적지 않기에 고정이론이 틀렸다고 할 수 없다. 하지만 변하는 사람도 많기에 성장이론 역시 맞다. 인간은 변하지 않는다는 현상을 인정하지만, 변할 수 있다는 신념을 갖고 산다. 그래야 나자신, 자녀, 부하, 나아가 우리 사회를 변화시킬 수 있기 때문이다.

여러분은 어떤 신념을 가졌는가? 아니, 어떤 신념을 가지려 하는가?

리더십은 부하들의
인기투표에 불과할까

리더십 연구자로서 만나는 사람마다 '리더십이 무엇이라고 생각하는가?'를 묻고 다닌 때가 있었다. 일반 대중은 리더십을 어떻게 느끼고 어떤 감정을 갖는지 알고 싶었기 때문이다. 리더십을 '부하 구성원에 대한 영향력'으로만 생각하는 사람이 많았다. 그들의 말을 옮겨본다.

"리더는 조직을 공평무사하게 운영해야 합니다. 부하들을 공정하게 대해야 합니다"

"디지털 트랜스포메이션 시대라고 합니다. 개개인의 창의성과 실험정신이 중요하니 리더는 부하의 아이디어를 잘 듣고, 시도해보도록 지원하고 격려해야 한다고 믿습니다."

모두 틀린 말이 아니다. 그러나 리더의 역할이 오로지 구성원에 대한 영향력이라고만 할 수 있을까? 그 같은 편견을 가진 몇몇 경영자는 "관리자가 리더십만 좋으면 뭐해, 부하들에게 인기만 좋으면 뭐하나!"라고 말한다. 정말로 그럴까?

우선 '리더십'이란 말을 분해해보자. 어떤 분야를 연구하려거든 그 분야 중요 단어의 어원을 살펴보는 일이 필요하다. 이를 영어로는 '에티몰로지(etymology)', 어원학이라 한다. '진정한 의미'라는 뜻의 그리스어 '에티몬(etymon, ἔτυμον)'에서 유래했다.[14]

리더십의 에티몬은 무엇일까? 리더십도 에티몰로지라는 단어처럼 그리스어 표현이 존재할까? 아쉽게도 리더십의 유래가 되는 그리스어는 없고 기원전 1100년 이전의 고대 영어인 'lǣdan'이라는 동사에서 '리더'가 유래했다.[15]

이 단어는 '함께 가도록 만들다, 전면에 나서서 행진하다, 동행하여 길을 안내하다'라는 뜻이다. 1300년 후반에는 '첫 번째 자리에 서다'라는 뜻으로, 1570년에는 '리더로서 행동하다', 1840년경에는 '악단 또는 연주자들을 지휘하는 역할을 맡다'라는 의미로 사용되었다. 이처럼 리더십의 원형을 살펴보면, 비단 구성원에 대한 영향력만을 의미하지 않았다. 때로는 전면에 서서 행진했고, 공동의 목적을 이루기 위해 첫 번째 자리에 서기도 했다.

이번에는 단어를 잘게 쪼개보자. 리더십은 영어 단어로는 'lead + er + ship'으로 구성되었다. '이끌다(lead)'라는 동사에, 사람을 말하는 어미 (er)를 덧붙이고, 자질 또는 특성을 내포하는 어미(ship)를 붙였다. 즉 '이 끄는 사람에게 요구되는 자질'이라고 할 수 있다.

그 옛날 원시 부족의 족장을 생각해보자. 이끄는 자로서 족장에게 요구되는 자질은 부족민과 신뢰관계를 형성하는 것에만 그치지 않는다. 당장 부족민의 먹거리를 구하기 위해 밀림 속으로 뛰어들어야 했고 앞날을 내다보고 부족이 어디로 움직여야 하는가도 결정해야 했다.

그런데도 우리가 익히 아는 유명한 리더십 이론은 관계에 집중한다. 변혁적 리더십, 거래적 리더십, 상황 접근 리더십, 서번트 리더십, 진성 리더십, 윤리적 리더십, 감성 리더십, 권한 위임 리더십, 참여적 리더십, 영적 리더십, 팔로어십 등이 그러하다. 그래서 유명한 리더십 연구자인 게리 유클(Gary Yukl)은 이렇게 지적했다.[16]

"리더십에 관한 대다수의 이론과 연구에서는 리더십을 영향 과정으로 보며, 리더의 행동에 초점을 둔다. 많은 리더십 문헌에서 '관계'는 중요한 것으로 인식되며, 전통적인 접근에서는 리더가 어떻게 협력적인 관계를 발전시키고 유지할 수 있는가에 초점을 둔다."

기존 리더십 연구에 대한 반향으로, 도널드 햄브릭(Donald Hambrick)은 '전략적 리더십' 개념을 주창하기도 했다. 그는 펜실베이니아 주립대학교에서 '조직전략과 정책(Organizational Strategy and Policy)'을 주제로 박사 학위를 받았고 지금은 세계적인 경영전략 학자로 유명하다.

햄브릭은 리더십 학자들이 일선 관리자에게만 집중했다고 지적한다. 일선 관리자에게는 조직의 방향을 결정하는 전략보다 현장 구성원을 독려하고 관리하는 일이 더 중요하다. 그래서 '리더십이 주로 상사와 부하 간의 관계적 차원'을 일컫게 되었다고 꼬집었다.[17] 이는 '리더는 부하들에게 영감을 불러일으키고, 용기를 북돋우고, 그들이 추종하도록 만드는 일'만 하는 사람이라고 오해하게 만들었다고 비판했다.

《당신은 전략가입니까》라는 책으로 유명한 하버드 경영대학원의 몽고메리(Cynthia A. Montgomery) 교수도 같은 견해다.[18] 50년 전까지만 해도 경영현장뿐 아니라 학계에서도 조직의 방향과 진로를 결정하는 전략 수립이 리더의 '가장 중요한 임무'로 여겨졌는데 언제부턴가 리더십과 전략이 서로 분리되었고, 전략 수립은 전문가들이 판치는 분야가 되고 말았다고 지적한다. 화려한 방법론과 데이터로 무장한 전략 컨설턴트가 그 역할을 대체하게 되었다는 것이다. 그 근거로 과거 30년 동안 전략 그 자체를 다루는 책은 쏟아져 나왔지만, 리더를 전략가(strategist)로 키우거나 전략 임무를 수행하도록 돕는 책은 "한 권도 없었다"고 단언한다. 마지막으로 그녀는 "리더십과 전략은 불가분의 관계다!"라고 정리했다.

이 책은 리더십을 협의의 관점, 즉 상사-부하 간의 관계로만 접근하지 않으려 한다. '이끄는 자에게 요구되는 역할(lead + er + ship)'로 폭넓게 정의하여 탁월한 리더의 특성을 찾고자 한다.

리더십은 성과와
관련이 없을까

어떤 경영자들은 "리더십은 성과와 관련이 없다! 리더십이 없어도 성과가 좋은 임원이나 팀장이 있다!"라고 주장한다. 과연 그럴까?

일단 이들의 가정(假定)을 살펴보자. 먼저, 이들은 리더십을 어떻게 정의하고 있을까? 이들과 대화하면서 여러 질문으로 깊이 파고 들어가 봤다. 그러자 세 가지 가정이 드러났다.

첫째, 이들에게 리더십은 페이스북의 '좋아요'와 같은 느낌이다. 구성원이 보내는 '인기의 척도' 정도로 여긴다.

둘째, 이들은 '구성원은 뭘 잘 모른다', '마치 아이들처럼 잘해주면 웃고 혼내면 울고 삐진다'라고 생각하는 경향이 있다.

셋째, 그래서 리더가 정답을 가르쳐줘야 한다고 가정한다. 구성원들이 싫어하고 안 좋게 평가하는 리더가 오히려 정답을 아는 사람이라고 여기기도 한다. 그러고는 곧바로 스티브 잡스(Steve Jobs)를 거론한다. 성격이 개차반이라서 사람들이 두려워하고 싫어했지만, 엄청난 업적을 달성하지 않았느냐며.

이에 대해 학문 연구부터 살펴보자. 무수히 많은 연구가 리더십은 성과와 관련이 있다고 한다. 연구자들이 총 113개의 개별 연구들을 모아[19] 리더십 – 성과 간의 통계 관계를 조사했다. 이런 방식을 '메타 분석(meta analysis)'이라 한다. 단일 연구는 수집한 데이터 표본에 따라 크게 영향을 받을 수 있지만 메타 분석은 수십, 수백 편의 연구를 종합하기에 특정 상황이나 맥락에 좌우되지 않는다.

이 연구에 의하면, 상사의 리더십은 부하의 업무 성과와 관련이 높았고, 또한 부하가 조직과 팀에 자발적으로 기여하려는 행동과도 관련 있었다. 이렇게 학문적 근거를 대도 반드시 이렇게 말하는 사람이 나온다.

"그건 학자들이 하는 얘기고요, 실제 현장은 다르다니까요."

맞다. 그렇다면 실제 현업에서 분석한 결과를 살펴보자.

구글은 '관리'를 혐오했다. 일단 구성원들이 좋아하는 일을 하도록 놔둔다. 그러다 마음이 맞는 사람이 모여 일을 크게 벌이기 시작한다. 기술적 어려움이 닥치면, 이를 해결할 사람을 찾는다. 어디선가 홀연히 전문가가 나타나 그 어려운 문제를 딱 해결한다. 구성원들은 자발적으로 그를 기술적인 리더로 존중한다.

이렇게 구글에 근무하는 엔지니어들은 공식적인 관리자가 아예 필요없다고 믿었다. 엔지니어들이 알아서 할 수 있는데, 관리자들은 쓸데없이 통제만 한다고 믿었다. 2000년 초반에는 구글 창업자들이 관리자 직급을 폐지하기도 했다.

결과는 어땠을까? 관리자가 없으니 구성원들이 우왕좌왕했다. 당시 상황은 '재앙'과도 같았다고 회고한다.[20] 몇 개월 지나지 않아 관리자 직급을 다시 만들었다. 그런데도 여전히 관리자가 필요 없다고 믿는 엔지니어들이 적지 않았다.

구글 내부에서는 의구심이 들었다.[21] 2007~2008년에 이들은 "관리자의 리더십은 팀 성과에 아무 영향도 주지 않는다"는 가설을 세웠다. 2년 동안 연구한 결과는 그 가설의 정반대였다. 관리자의 리더십은 구성원의 만족도와 성과에 영향을 주는 강력한 변수로 드러났다.

구글은 내부 리더들과 엔지니어들에게 이 사실을 공유하였다. 관리자는 없어도 되거나 걸림돌이 아니며, 관리자의 역량에 따라 팀 성과가 크게 달라질 수 있음을 구글 구성원들에게 명확히 보여주었다.

이런 증거를 보여줘도 또다시 '보편성'을 '특수성'으로 반박하는 사람들이 있다. 보편성은 앞에서 말한 리더십-성과 간의 관계다. 무수히 많은 연구가 어느 나라, 어느 산업을 막론하고 리더십은 성과와 관련이 있다고 했다. 관리자가 필요 없다고 믿었던 구글 또한 리더십이 팀과 팀원의 성과를 크게 좌우하는 요소임을 밝혔다. 그런데 일부 사람들은 이런 논리로 반박한다.

"우리 산업은 다르다. 특히 우리 회사에서는 리더십이 없어도 성과를 잘만 낸다. 우리 회사만 보자면 리더십은 성과와 아무런 관계가 없다."

이게 바로 특수성이다.

A사는 내부 경영진이 갑론을박을 벌였다. 한쪽은 리더십이 성과에 영향을 미치므로, 승진이나 인사 배치 때 반드시 후보자의 리더십을 고려해야 한다고 주장했다.

다른 한쪽은 기업은 성과를 내야만 구성원들에게 월급을 주고 영속할 수 있으니 승진과 배치 때 오로지 성과만 봐야 한다고 했다. 전자는 수많은 리더십 연구를 증거로 댔다. 후자는 특수성의 논리로 반박했다.

"내가 데리고 있는 김, 이, 박 팀장을 보세요. 리더십이 없어도 성과만 잘 냅니다. 회사에는 그런 리더가 있어야 합니다."

이 회사는 정말로 리더십과 성과가 관련이 없는 곳이었을까? 그래서 과거 6년간의 리더십 역량 데이터와 성과 데이터(KPI 점수, 핵심성과지표)를 모아 통계 분석을 했다. 역시나 '보편성'의 세상이 그대로 나타났다. 리더십과 성과가 통계적으로 유의하게 관련이 있었다.

아래 도표는 세계적인 리더십 컨설턴트 잭 젠거(Jack Zenger)[22]가 리더십 수준을 백분위로 만들어 X축에, 성과는 Y축에 그렸던 것을 이용해 만들었다. (수치는 회사 내부 자료라 가상 수치로 유사하게 만들었다.)

A사 최고 인사책임자는 경영진이 양쪽으로 나뉘어 의견이 분분한 상황에서 데이터로 어느 일방을 승자로, 다른 쪽을 패자로 만들지 않았다. 팩트(fact)와 감정은 별개다. 아무리 팩트가 있더라도 감정이 틀어지면 사람은 받아들이지 못한다. 이성뿐만 아니라 감정적으로도 받아들이게 해

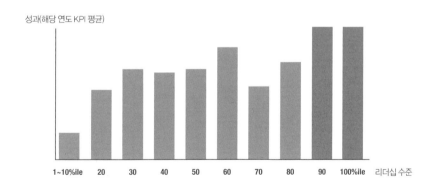

〈리더십 점수 백분위와 해당 연도 성과〉

참고: X축은 5점 척도로 평가된 리더십 점수를 백분위로 변환한 값으로, 100%ile이 가장 높은 점수이고 1%ile이 가장 낮은 점수이다.

야 이 회사의 인사 철학이 일관되게 실현될 수 있었다.

그래서 그는 두 가지 포인트를 짚었다.

첫 번째 도표로 경영진이 전반적인 추세를 보도록 하였다. 리더십 수준이 하위 10퍼센타일(데이터나 연속적인 값을 100으로 등분하였을 때 나오는 값의 하나)에서 상위 100퍼센타일 집단으로 올라갈수록 해당 연도 KPI 점수(목표 달성 점수)가 향상하는 경향성을 볼 수 있다. A사에서도 리더십이 성과와 관련이 있다는 증거였다.

역시 첫 번째 도표에서 그는 상위 80에서 하위 20퍼센타일 집단에 주목하도록 권했다. 그래프에서는 60퍼센타일 집단이 상위 80퍼센타일 집단이나 70퍼센타일보다 성과가 높게 나타났다. 즉 한쪽 경영진이 주장한

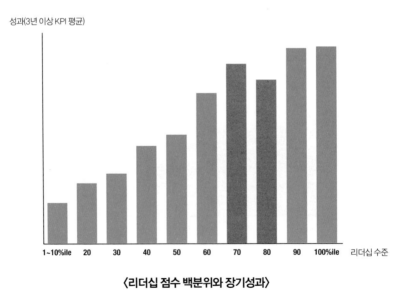

〈리더십 점수 백분위와 장기성과〉

"내가 데리고 있는 김, 이, 박 팀장을 보세요. 리더십이 없어도 성과만 잘 냅니다"라는 말도 맞을 수 있다는 점을 지적했다. 리더십이 전반적으로는 해당 연도 성과와 관련이 있지만, 중간 집단에서는 그러지 않을 수도 있음을 보였다.

그다음으로 리더십과 장기성과 간의 관계를 보여주는 그래프를 꺼냈다. 3년 이상의 성과를 평균하여 표시한 그래프를 보자. (가상 수치로 그래프를 유사하게 만들었다.)

리더십과 3년 이상의 장기성과 사이에서는 더욱 두드러진 양의 상관이 나타났다. 80퍼센타일과 70퍼센타일이 역전 현상(80퍼센타일 집단이 70퍼센타일 집단보다 높아야 하지만, 그 반대가 나온 현상)을 보이긴 했지만, 앞의 그래프에 비해 리더십 수준이 높아질수록 장기성과가 높아지는 경향이 두드러졌다.

이 분석 결과를 종합하여, 최고 인사책임자는 이렇게 결론을 내렸다.

"우리 회사에서 관리자의 리더십 수준은 상위 90~100퍼센타일 집단과 하위 10퍼센타일 집단의 성과 수준을 명확하게 가릅니다. 단기 성과로만 봤을 때는 중위수 집단에서 역전 현상도 일어났습니다. 그래서 양쪽이 틀린 말씀을 하고 계신 게 아닙니다. 그러나 장기적으로 보면, 일관된 패턴이 나옵니다. 리더십은 장기성과와 두드러진 관련이 있습니다."

이처럼 자기네 회사 데이터로 보여주니, 시끄러웠던 갑론을박이 정리되었다. A사는 인사 철학을 일관되게 세우고 실행해 나가는 중이다.

이제 리더십을
데이터로 보자

앞서 살펴본 대로, 리더십은 모든 사람의 이론이다. 그래서 사람마다 색안경을 쓰고 본다. 리더십이 추상적인 개념이라서 더욱 그렇다.

또 그동안 일반 대중에게 주관성이 짙은 내용이 전달되어왔기 때문이기도 하다. 리더십 자기계발 서적은 세 가지 부류로 구분해볼 수 있다. 하나는 저자가 직접 리더십 일화를 써 내려간 자서전, 두 번째는 전문 작가 또는 연구자들이 성공한 명사 한 명을 집중적으로 연구하여 집필한 책, 세 번째는 저자가 자기 주장을 입증하기 위해 이런저런 다양한 리더들의 일화들을 끌어다가 쓴 책이다.

모두 개인의 주관적 경험을 바탕으로 서술된 서적이다. 물론, 이들을 깎아 내리려는 의도는 없다. 한 개인의 경험을 통해 충분히 대리 학습을 할 수 있고, 그로부터 시사점을 끌어내어 나만의 교훈으로 만들 수 있다. 충분히 유용하고 가치 있는 책들이다.

하지만 이제는 리더십을 좀 더 객관적으로 들여다볼 필요가 있다. 데이터는 그 자체로는 복잡하지만, 결과적으로 보여주는 세상은 명징하다. 이제 데이터로 리더십을 들여다보자.

3장

:

리더십 연구의
역사는 유구하다

The
Secret of
Highly
Successful
Leaders

리더십 연구의
역사는 유구하다

5000년 전에도
리더십을 고민했다

리더십 학자들이 연구 결과를 발표하는 세계적인 학술지인 〈리더십 계간지(The Leadership Quarterly)〉에는 상징적인 로고가 있고 그 안에는 다음과 같은 기호가 그려졌다.

　이집트 상형문자 같다고? 맞다. 이집트 문자로 '리더십'을 의미한다. 리더십뿐만이 아니다. 리더와 추종자라는 단어도 있다.[23]

리더　

추종자

수천 년 전에도 이런 문자가 있었다니 인류 역사가 리더와 리더십을 얼마나 오랫동안 고민해왔는지를 느낄 수 있다.

고대 이집트의 현자 프타호텝(Ptahhotep)은 이집트 5왕조에서 32년 이상 통치했던 파라오 제드카레 이세시(Djedkare Isesi) 치하의 고위 관료였다.[24] 파라오 제드카레 이세시의 재위 기간이 기원전 2414~2375년이었으므로,[25] 프타호텝은 지금으로부터 4400여 년 전 사람이다. 무려 110세의 나이에 이집트 최초의 지혜서《프타호텝의 잠언》을 저술한 사람으로 유명하다.

이 책이 유수한 세월을 건너 우리 세대로 이어진 데는 프랑스의 위대한 학자, 장 프랑수아 샹폴리옹(Jean-Francois Champollion)의 활약이 크다.[26] 샹폴리옹은 이집트 상형문자와 그리스어가 같이 새겨진 석판, 로제타석에 매료되어 수년간 연구한 결과, 그때까지 누구도 읽지 못한 고대 이집트 문자를 해독했다.

그리고 나서 프리스 다벤느(Prisse d'Avennes)가《프타호텝의 잠언》을 손에 넣는다.[27] 다벤느는 화가이면서 엔지니어였는데, 이집트를 여행하던 중 강변에서 우연히 파피루스 하나를 얻는다. 이 파피루스가 현자 프타호텝의 교훈이 담긴 유일한 유물이었다.

프타호텝은 통치자로서 갖추어야 할 자질들을 몇 장에 걸쳐 논했다. 우리나라에서는《현자 프타호텝의 교훈》[28]으로 발간되었는데 거기서 몇 구절을 인용해본다.

"그대가 리더라면 맡겨진 일에 책임을 지고, 당신이 주목해야 할 일들을 성취하라."
"그대가 리더라면 청원하는 자의 말에 성심껏 귀 기울여라.
그 사람이 말하려 하는 것, 그 모든 것을 다 고할 때까지 그를 내치지 마라."

프타호텝이 살았던 시대의 이전 왕조였던 제4왕조의 파라오들은 오늘날 우리가 익히 알고 있는 거대한 피라미드를 건축한 인물들이다.[29] 이집트 수도 카이로에서 대략 20km 남쪽 기자에는 세계문화유산으로 지정된 3대 피라미드와 스핑크스가 있다. 제4왕조 시절의 쿠푸(Khufu), 카프레(Khafre) 파라오가 만든 유적이다. 특히 쿠푸의 대피라미드는 높이가 146m, 밑변 길이가 244m로, 기원후 1300년까지 세계에서 가장 높은 건축물로 남아 있었다.[30] 세계 7대 불가사의 중에 하나로 꼽히기도 한다.

파라오는 그토록 위대한 건축물을 세워 이름을 남겼지만, 그것을 실제로 만든 백성들의 고통은 얼마나 컸겠는가. 시칠리아의 고대 역사가 디오도루스(Diodorus)는 백성들이 쿠푸를 몹시 증오했다고 주장한다.[31] 그리스인 역사가 헤로도투스(Herodotos) 역시 그를 잔인한 폭군으로 묘사하였다.[32] 쿠푸는 이집트의 모든 신전을 폐쇄하고, 백성들을 피라미드 건설에 강제 동원했다고 한다. 매일 10만 명의 백성들이 거의 20년에 가까운 기간 동안 노역을 감당해야만 했다. 헤로도투스는 쿠푸의 아들 카프레도 똑같이 악독한 군주였다고 했다. 선왕들이 지독한 폭군이어서 그런지, 뒤를 이은 멘카우레(Menkaure)는 선정을 베풀었다.[33] 할아버지 쿠푸가 만든 기자의 대피라미드 높이가 146m, 아버지 카프레가 만든 것으로 추정되는 제2 피라미드 높이가 143m인 반면, 멘카우레의 피라미드 높이는 66m에 불과하다.[34]

프타호텝은 이전 왕조의 역사를 보면서 무엇을 느꼈을까? 전제군주의 시대였으므로, 파라오 한 명의 리더십은 그 밑에 있는 모든 관료에게 영향을 미친다. 현명한 파라오는 현명한 관료들을 등용하고, 그들이 슬기롭게 일하도록 독려할 것이다. 반면, 아둔한 파라오는 아첨만 하는 관료들을 등용하고, 백성을 착취하도록 내버려둘 것이다. 파라오가 무엇을 하느냐에 따라 국가 존망과 직결되는 모습을 연구하면서, 파라오의 리더십에 흥미를 느꼈을지 모른다.

프타호텝이 리더십 요건을 정리하여 제시한 이유는 무엇일까? 그의 다른 잠언을 살펴보면 그 이유를 쉽게 유추할 수 있다.

"풍요 속에 부정이 존재하지만, 악은 결코 오랫동안 성공할 수 없다."
"관대한 사람에게 남겨지는 몫이 야박한 사람에게 남겨지는 몫보다 한결 많은 법이다."
"그대, 몸가짐이 올바르기를 원하거든 모든 악에서 벗어나라. 심장이

탐욕에 젖지 않도록 애써 싸우라.)[35]

얼굴에 주름이 가득한 110세의 그가 고위 관료의 삶을 정리하고 잠언서를 집필했다. 전대 파라오들 때문에 백성들이 흘린 고혈을 떠올리며 글을 적어 내려갔다. 그와는 반대로 백성을 진심으로 걱정했던 선한 왕들 역시 생각하면서.

노회한 현자, 프타호텝의 마음이 느껴지지 않는가. 더 나은 이집트가 되도록, 현세와 후세에 지침을 주고 싶었을 것이다.

1900년대 리더십 연구가 폭증했다

경영학의 한 갈래인 인사관리를 전공했는데 이상하게도 이 분야의 다양한 주제 중에서 리더십 연구는 마음에 와닿지 않았다. 1940년대 대두된 리더십의 특성 이론이 어떻고, 1950년대 유행한 행동이론이 어떻고, 1970년대 상황이론은 어떻게 발전하였다는 이야기는 마치 《성서》에서 보던 족보 같았다. 〈룻기〉 4장을 보면 그 유명한 다윗 왕의 계보가 나오는데 '살몬은 보아스를 낳았고 보아스는 오벳을 낳았고 오벳은 이새를 낳고 이새는 다윗을 낳았더라' 같은 느낌이었다. 이들 족보에는 각자의 품성과 생각, 삶의 이야기는 사라진 채 이름만 남아 있다.

리더십 교과서가 그런 느낌이었다. 그 책에 담긴 사람들이 책 속에서 걸어 나와 말을 걸어주면 좋을 텐데, 어떤 유형의 리더들을 관찰하고 어떤 이론을 만들어냈는지 얘기해주면 더 재밌을 텐데 하는 아쉬움이 들었다.

리더십 연구를 보면 왠지 모르게 답답했다. 리더십을 고민한 오랜 역사가 나를 압도했는지 모르겠다. 영미권에서 리더십(leadership) 단어가 처음 출현한 시기는 1800년대 초반이다.[36]

구글의 엔그램(Ngram)으로 사용 추세를 살펴보자. 구글은 1500년부터 2019년에 출간된 8개 언어의 책 800만 권을 데이터베이스로 만들어 시대적 흐름에 따라 특정 단어의 사용 빈도가 어떻게 변해왔는지 살펴보게 하였다. 엔그램에서 leadership을 검색해보면 아래와 같은 결과물을 보여준다.

리더십이란 영어 단어가 최초로 출현한 시기는 1821년, 리더십 서적이 폭증한 시기는 대략 1920년대라고 추정할 수 있다. 이렇듯 오랜 역사를 자랑하는 리더십 연구 분야에서 과연 내가 어떤 가치를 만들 수 있을지 엄두가 나지 않았다. 이왕 학문에 뜻을 두었다면 기존에 없던 가치를 세

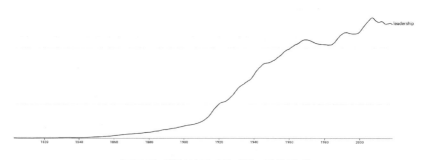

〈구글 엔그램 뷰어 리더십 키워드 검색 결과〉

워서 이름 한번 널리 알려야 하지 않겠느냐 하는 치기 어린 마음이 있었기 때문이리라.

그래서 석사 동기들에게 주제넘게도 이렇게 얘기했던 기억이 난다.

"이미 기존 학자들이 연구할 만큼 했다. 더는 신진 학자들이 이바지할 여지는 없어 보인다. 리더십 학문은 이제 한계에 다다랐다."

그리고 리더십 연구를 철저히 외면하였다. 지금 돌이켜보면 '선무당이 사람 잡는다'는 말이 맞는다. 제대로 알지도 못하면서 섣부르게 예단했다.

오늘날에도 리더십
고민은 지속된다

우리나라의 리더십 연구와 교육 역사는 매우 짧다. 우리나라는 삼한시대, 통일신라, 고려, 조선 왕조를 거쳐왔다. 통일신라는 676년 시작됐고, 조선 왕조가 1910년까지 이어졌다. 무려 1200년 이상 절대왕조가 지배한 한반도에 우리는 살고 있다.

절대왕조에서 리더십 연구란 오로지 '제왕학'이다. 왕이 나라를 어떻게 이끌어 나가고, 백성을 어떻게 다스려야 하는지에만 초점이 맞춰져 있다. 특히 왕의 자리를 어떻게 유지할지 후대 왕들에게 가르침을 전달하는 데 방점이 찍혀 있다. 그래서 새로운 변화를 추구하라고 독려하기보다는 수성, 즉 전통을 지켜나가는 경향이 강하다. '무엇무엇을 하라'는 독려가 아니라 '무엇은 하지 말고, 무엇은 금해야 한다'는 내용이 주류를 이룬다. 예를 들어 '왕은 희로애락을 삼가고, 표정으로 내보이지 마라', '상벌을 분명하게 하고 편파적으로 판단하지 마라' 등을 꼽을 수 있다.

KBS 대하 드라마 〈정도전〉을 즐겨 보았다. 조선을 개국한 이성계(유동근 분)를 둘러싼 정도전(조재현 분)과 이인임(박영규 분) 간의 암투가 특히 인상적이었다. 극본가인 정현민은 국회에서 10년간 노동정책 전문 보좌관으로 근무한 경력이 있다. 그래서인지 대사 하나하나가 권력의 속성과 본질을 송곳처럼 꿰뚫어 담아낸 명문들이 많다.

"정적이 없는 권력은 고인물과 같습니다. 권세와 부귀영화를 오래 누리고 싶다면 정적을 곁에 두세요."

"권세를 오래 누리고 싶으면 내 말을 명심하세요. 권좌에 앉은 사람은 딱 한 사람만 다스리면 됩니다, 자기 자신."

"정치를 오래 할 생각이라면 새겨들으시오. 의혹은 궁금할 때가 아니라 상대를 감당할 능력이 있을 때 제기하는 것이라오."

드라마 초반에 이인임은 이성계를 역모죄로 몬다. 그러자 이성계를 신임한 최영 장군이 급히 이인임의 집으로 찾아가 따진다.

"이성계가 반란을 도모했다는 증거가 어딨소?"

그러자 정치 구단 이인임은 《대학연의》 책을 보여준다. 이인임이 보낸 사람이 이성계의 군막 탁자에 그 책이 있는 걸 보고 몰래 가져온 것이다. 이 책을 빌미로 그가 역모를 꿈꾸고 있다고 몰아붙인 상황이었다.

《대학연의》는 송나라 학자이자 정치가였던 진덕수(眞德秀)가 지은 책으로, 사서삼경 중의 하나인 《대학》의 뜻을 풀어냈다. 이인임은 왜 이 책 하나만 가지고 이성계가 역모를 꾸미고 있다고 몰아댔을까? 《조선왕조실록》 중에서 〈태조실록〉 1권 총서 여든 번째에 이런 내용이 있다.

> "비록 군중에 있더라도 매양 창을 던지고, 휴식할 동안에는 (중략) 경사를 토론하였으며, 더욱이 진덕수의 《대학연의》 보기를 좋아하여 밤중에 이르도록 자지 않았으며…"

진덕수는 역사책을 참고하여 성리학이 지향하는 가치와 교훈을 담아 황제를 위한 책을 만들고자 했다. 왕으로서 갖추어야 할 자질과 국가를 통치하는 원리들을 엮어냈기에 변방에 있지만 강력한 무력을 가진 이성계가 역모를 꿈꾸고 있다고 의심할 근거가 될 수 있다. (물론 이 일화는 작가의 상상력이 가미된, 어디까지나 드라마 플롯이긴 하지만 말이다.)

《대학연의》는 조선 시대에 제왕학의 상징적인 책이다. 태조 이성계가 즐겨 읽었을 뿐만 아니라, 태종도 《대학연의》를 통해서 '외적을 멀리하는 것의 중요함을 깨달았다'고 한다. 세종대왕은 이 책을 첫 경연의 교재로 선택하였다.[37] 성종, 중종, 인조, 효종, 숙종, 영조도 이 책을 자주 봤다.

조선 왕조가 끝난 1910년부터는 곧바로 일제강점기에 들어갔다가, 6.25 전쟁 이후 군사 독재 시절이 시작되었다. 이 시기에도 리더십 연구가 꽃을 피울 수 없었다. 우리나라의 유일한 영도자는 대통령 한 명이어야만 했기 때문이다.

왕의 권위가 하늘로부터 내려왔다는 '왕권신수설'까지는 아니더라도, 박정희 대통령만을 높이기 위한 작업이 적지 않게 이루어졌다. 그는 전쟁의 폐허에서 나라를 일으키기 위해 고군분투하는 강한 군주이자 때로는 눈물을 흘릴 줄 아는 아버지와 같은 존재로 그려졌다. 대표적인 예가 독일 함보른 탄광에서의 일이다. 그곳에서 파독 광부들을 만난 박 대통령은 "이역만리 남의 나라 땅 밑에서 얼마나 노고가 많으냐"고 말하다 울먹이느라 연설을 중단했다고 알려져 있다.[38]

한참 후인 1993년에야 비로소 문민정부가 들어선다. 나는 민주주의의 꽃이 바로 리더십이라고 믿는다. '망치를 든 사람에게는 못만 보인다'라는 에이브러햄 매슬로(Abraham H. Maslow)의 말처럼,[39] 내가 리더십 연구를 하다 보니 과대 해석하는 건 아닐까?

그런데 민주주의의 의미를 곱씹어보면, 내 주장이 상당히 타당함을 깨달을 수 있다. 귀족주의, 군주주의는 혈통이나 문벌 또는 재산 등으로 권력을 공고히 한 자들이 나라를 지배한다. 사람을 이끌어 나갈 권리가 극소수의 계층에게만 부여된 제도다.

반면 민주주의는 무엇인가? 이 단어는 그리스어 'demokratia'에서 왔는데 demo와 kratos, 즉 국민과 지배라는 단어를 조합했다.[40] 한마디로 '국민의 지배'로 풀어서 보면 '국가를 실질적으로 지배하고 운영할 권리는 국민에게 있고, 국민을 위해 정치를 하는 제도'다. 나라의 국민이라면 누구나 주권을 행사하기에 모두가 국가의 의사를 결정하는 일에 참여하고, 그 과정에서 다른 사람들을 설득시켜서 동참시키고 이끌어 갈 수 있다고 본다. 결국 귀족주의, 군주주의가 '리더는 귀한 혈통에서 타고난다, 하늘로부터 점지를 받는다'라는 관점이라면 민주주의는 '누구나 리더가 될 수 있다'는 가정을 한다.

민주주의가 꽃을 피우려면 구성원 개개인의 의식 수준이 발전해야 한다. 우리나라의 국가 시스템은 어떻게 갖추어져야 하는지, 어떤 방향으로 나가야 하는지 식견을 갖추어야 한다. 본인의 신념을 펼치기 위해서는 주변 사람들을 어떻게 설득하고 이끌어야 하는지도 알아야 한다. 아울러, 어떤 자질을 갖춘 사람이 주요 의사결정을 하는 자리에 앉아야 하는지 분간할 눈도 갖춰야 한다. 나는 민주주의라는 토대 위에 리더십이 꽃이 피고, 그 꽃이 주변을 더욱 풍성하게 해준다고 믿는다.

역으로 리더십에 대한 깊이 있는 성찰이 민주주의를 탄생시킨다고 여긴다. 내가 누군가의 종이 아니라 내 삶의 오롯한 주인이며, 다른 사람들과 공감대를 형성하여 의지를 관철할 수 있는 존재라고 자각할 때, 진정한 민주주의가 탄생한다.

2016년에 우리나라에서 일어난 촛불운동은 리더십 연구에도 큰 시사점을 준다. 우리 사회는 끊임없이 이런 질문을 던졌다.

"우리나라의 대통령은 리더로서 어떤 자질을 갖추어야 하는가?"
"위기의 순간에 대통령은 무엇을 하는 존재인가?"

광화문 광장에 모여든 수많은 국민이 함께 질문을 던지고 토론을 했다.

리더십에 대한 건전하고 활발한 논의가 계속될 때, 우리나라가 민주주의 국가로서 더 발전할 수 있다고 믿는다. 프랑스의 정치 철학자이자 작가인 조제프 드 메스트르(Joseph de Maistre)는 '모든 국민은 자신들의 수준에 맞는 정부를 가진다(Toute nation a le gouvernement qu'elle mérite)'라고 했다.[41] 나는 이 말을 이렇게 다시 쓰고 싶다.

'모든 국민은 자신의 리더십 수준에 맞는 지도자를 가진다.'

데이터로 리더십을 정의해보자

오늘날에도 리더십은 끊임없이 우리 삶에 화두를 던진다. 그래서 여전히 많은 학자가 리더십 문제에 매혹되어 있다. 우선, 학자들은 리더십을 어떻게 정의하는지 살펴보자.

구글스콜라에서 'leadership is defined' 또는 'leadership means'로 찾으면, 리더십을 정의한 문단이 무려 수십 페이지 분량으로 나온다. 두 가지 기준을 가지고 리더십 정의들을 추려보았다.

첫째, 같은 개념인데 표현만 다르게 정의한 문장은 제외했다. 학자들이 가장 많이 연구한 개념은 변혁적 리더십(transformational leadership)으로 뜻은 유사하지만 표현을 바꾸어 적은 정의들이 많다. 이 연구로 유명한 버나드 바스(Bernard Bass)는 '비전을 제시하고 구성원들이 자발적으로 노력하도록 동기를 부여하여 획기적인 변화를 끌어내는 행동'이라고 말한다.[42] 게리 유클은 변혁적 리더십을 '부하직원들의 이해, 사고, 가치관을 변화시키고, 더 나은 성과를 창출하도록 동기부여하는 행동'으로 정의한다.[43] 트레이시(Tracey)와 힌킨(Hinkin)은 '조직 구성원들의 태도와 가치를 변화시키고, 조직의 사명과 목표에 몰입하도록 영향력을 행사하는 과정'이라고 했다.[44]

이처럼 동일 개념인데 표현과 뉘앙스를 달리하는 데는 두 가지 이유가 있다. 먼저, 같은 개념이라도 연구자가 이해하고 곱씹은, 본인의 관점을 담고 싶어서다. 다음으로는 표절을 피하기 위해서다. 심리학 또는 경영학은 다른 문서에서 나온 5~7개 단어가 연이어 배치되어 있으면 표절로 간주한다. 컴퓨터 소프트웨어가 발달해서 어떤 문서에서 어떤 문장을 베꼈는지 바로 검출할 수 있다. 논문 전체에 걸쳐 어느 정도로 표절했는지 퍼센트로 표시해주기도 한다. 요즘은 연구자가 학술지에 논문을 투고하면 학회 측에서 바로 표절 검증에 들어간다.

연구자에게 표절은 치명적인 문제다. 도둑질이기 때문이다. 다른 학자의 아이디어뿐 아니라 그가 고심하여 적은 문장을 그대로 가져다 쓰는 행위도 도둑질이다.

해외 학술지 온라인 사이트에서 논문을 보다 보면, 간혹 모든 페이지에 'RETRACTED(철회됨)'라는 표현이 크게 적힌 논문이 있다. 이들 상당수는 다른 학자의 아이디어를 가져다 썼거나, 문장을 그대로 베낀 일이 나중에서야 밝혀진 경우다. 그 표절 논문을 학술지에서 단순히 삭제하기보다, RETRACTED라는 워터마크를 집어넣고 그대로 놔둔다. 연구자들에게는 주홍글씨보다 더 무서운 낙인인 셈이다.

나도 해외 학술지에 논문을 투고하기 전에, 부지불식간에 표절한 내용은 없는지 반드시 자체 표절 검증을 하곤 한다. 표절되었다고 제시되는 대부분은 개념 정의와 관련된 문장이다. 그 부분을 따옴표로 표기하고 참고문헌을 명기하여 인용하였음을 명백히 밝히거나, 또는 다른 표현으로 바꾸어 재기술하곤 한다.

다른 말로 바꾸어 표현한 정의들을 제외한 이유는 무엇일까? 특정 관점이 지나치게 많이 반영될 수 있기 때문이다. 변혁적 리더십 정의를 모두 다 포함하는 경우 '변혁', '변화'라는 단어가 가장 빈번하게 언급될 우려가 있다. 결론적으로, 편중된 결과가 나올 여지가 크다.

둘째, 특정 직업군에 초점을 맞춘 정의도 제외하였다. 리더십 연구들을 훑다 보면 경찰 리더십, 소방관 리더십, 간호사 리더십이라는 표현이 나온다. 이들 직업은 약자나 국민에게 봉사하는 자세가 필요하고, 특수한 환경에서 리더십을 발휘해야 하는 때가 많다. 이 또한 제한된 직무의 정의만 반영될 수 있어서 제외하였다.

이런 과정을 거쳐 학문적 정의 81개를 모았다. 이를 어떻게 분석하면 좋을까?

마침 우리에게는 좋은 도구가 있다. 빅데이터가 유행하기 전부터 문장들로 구성된 데이터를 효율적으로 요약하는 기술들이 발전해왔다. 이를 텍스트 분석(text analytics)이라고 통칭하겠다. 고차원적인 텍스트 분석

방법을 활용할 수 있지만, 여기서는 빈도 분석만 하려 한다.

요즘은 기초적인 텍스트 분석을 할 수 있도록 해놓은 인터넷 사이트가 있다. 뛰어난 두뇌에 마음씨도 좋은 무명의 개발자들 덕분이다. 그중 괜찮은 사이트를 골라 키워드 빈도(Keyword frequency)를 살펴보자. online-utility.org의 Text Analyzer는 사용법이 매우 쉽다. 엑셀 프로그램에 정리해놓은 정의를 복사해서 인터넷 창에 붙이고 클릭만 하면 된다. 그 결과를 빈도순으로 1~10위까지만 제시해보았다.

해외 학술지에 출간된 영어 논문의 정의를 가져왔으니, 영어 키워드 빈도가 나오는 건 당연하다. 그런데 결과가 좀 이상하다. 아홉 번째 나온 'influence', 즉 '영향력을 발휘하다'는 우리의 분석에 시사점을 제공해주는 듯하지만, 그 외에는 전혀 쓸데없는 단어들이다. a나 the 같은 관사와 of, to, in 같은 전치사들이 순위에 꼽히다 보니 별다른 의미가 없어 보인다.

빈도 순위 1~60위 사이 중에 의미가 있는 단어들만 선택적으로 골라보자. 학자들이 리더십을 어떻게 보고 있는지 무언가 알 듯하다. 가장 빈

순위	단어	출현 횟수	순위	단어	출현 횟수
1	and	99	6	defined	79
2	of	98	7	to	62
3	the	97	8	a	60
4	is	90	9	influence	41
5	as	80	10	in	36

〈리더십 정의 문장 단어 빈도 분석 결과〉

순위	단어	출현 횟수	순위	단어	출현 횟수
9	influence	41	39	values	6
14	process	24	40	motivate	6
15	individual	23	41	work	6
17	goal	20	42	decision	6
18	group	18	44	team	6
19	leader	16	48	behaviors	5
22	followers	13	49	actions	5
27	ability	11	50	enable	5
29	members	9	54	performance	5
34	task	7	55	achievement	5
36	common	6	56	vision	5
37	shared	6	60	relationships	5

〈빈도 분석 결과 중에서 명사–형용사–동사만 추린 리스트〉

번하게 출현한 단어는 역시 'influence'다.

이제 유사한 단어들끼리 자의적으로 묶어보자. 먼저 사람을 지칭하는 단어들을 리더십을 발휘하는 '주체'와 그 영향력을 받는 '객체'로 구분해볼 수 있다.

지금 여러분 앞에 포스트잇이 있으면, 한 장에 한 단어씩을 써보자. 특히 소속 조직의 특성을 생각하면서 이를 유사한 개념끼리 모아 붙여보자.

앞서 1장에서 말한 바대로, 여러분의 정의는 속한 조직의 특성에 영향을 받기 때문에 모두 다를 것이다. 나는 기업이라는 조직 특성을 감안하여 아래와 같이 구분하였다.

행위 주체: leader(리더)

행위 객체: individual(개인), group(집단), followers(추종자),
　　　　　members(구성원들), team(팀)

다음으로는 리더가 영향력을 발휘하는 대상 중 사람이 아닌 단어들을 중간 결과물, 최종 결과물로 구분해서 다음과 같이 뽑아보았다.

중간 결과물: process(과정), ability(능력), task(과업), work(일),
　　　　　behaviors(행동), actions(행위), values(가치관)

최종 결과물: goal(목표), performance(성과), achievement(성취),
　　　　　vision(비전)

최종 결과물은 리더십을 발휘하는 궁극적인 목표이고, 중간 결과물은 그전에 선행되어야 하는 과정 또는 수단이다. 그런데 잠깐! values(가치관)는 최종 결과물 아니냐고 질문할 독자가 있을지 모르겠다. 나 역시 이 단어를 어디에 넣을지 고민했다. 이는 리더십을 발휘하는 맥락에 따라 달라진다. 이익을 추구하는 기업이라면 당연히 최종 결과물은 성과, 성취, 비전 달성이다. 이들을 획득하기 위한 과정으로 리더가 구성원의 능력

(ability), 업무(task, work), 행동(behaviors, actions)에 영향을 미치고, 심지어 그들의 가치관까지도 바꾸려는 노력을 기울여야 한다. 학자들이 말하는 변혁적 리더십이다. 리더가 부하의 가치관을 변화시켜서 더욱 가치 있는 일에 몰입하도록 해야 한다는 주장이다.

반면, 영성을 추구하는 종교 조직이라면 어떨까? values가 리더십의 최종 결과물이 되어야 할 듯하다. 이처럼 여러분이 처한 조직의 사명과 목표에 따라 달라질 수 있음을 고려하자.

다음으로 common(공동의), shared(공유된)란 형용사가 있다. 주로 공동의 목표, 공유된 목표 등을 말할 때 쓴다. 마지막으로 influence(영향력을 발휘하다; '영향력'이라는 명사이기도 하지만 문맥을 보면 동사로 쓰였다), motivate(동기를 부여하다), enable(가능하게 하다) 등의 동사다.

지금까지 81개 정의를 가지고, 출현 빈도가 높은 단어를 중심으로 해체해보는 작업을 했다. 이들을 한 문장으로 다시 엮어보면 어떨까? 여러분이 직접 만들어봐도 좋다. 모든 단어를 한 문장에 다 포함시킬 필요는 없다. 문장을 매끄럽게 만들기 위해 여기에 언급되지 않은 표현들을 일부 포함해도 된다. 자, 어떻게 정리했는가? 내 정의는 다음과 같다.

공동의 비전과 목표를 달성하기 위해, 리더가 구성원의 행동과 가치관에 영향을 미치고, 능력을 충분히 발휘하도록 동기부여하는 프로세스

여러분이 정리한 정의와 비교해보면 어떠한가?

세계 최고의 리더십
학술지를 분해해보자

한 발짝 더 나아가 학자들이 실제로 연구한 논문들은 어떨지, 그들이 작업했던 결과물을 직접 분석해보자.

학자가 학술지에 논문을 게재하는 것은 여러 가지 의미가 있다. 먼저, 그 분야를 공부하고 연구하는 사람으로서 첫발을 떼는 상징이다. 영화나 드라마 감독이 처음으로 영상물을 만들고 공개했을 때, 작가가 문학계에 등단했을 때 '입봉했다'는 표현을 쓴다. 석사, 박사 과정을 거쳐 학술지에 논문 한 편을 내는 일도 연구자로서의 입봉이다.

어떤 연구자들은 자기완성의 상징으로 삼는다. 전문가로서 깊이 있게 공부하기로 마음먹었으니, 이왕이면 그 분야 동료 연구자들에게 인정받는 연구 결과물을 내야 하지 않겠냐는 생각으로 학술지에 논문을 발표하는 사람도 있다. 한편으로는 자신만의 관점과 주장을 다른 연구자와 공유하거나, 다른 학자가 주장하는 바에 대해 철저히 비판하는 장이 되기도 한다. 지식과 생각의 공유를 통해 사상적 발전에 이바지하는 기회가 된다.

또 대학 기관에 소속된 연구자들, 교수들의 인사 평가 자료이기도 하다. 교수라는 직업은 일반적으로 조교수-부교수-정교수의 승진 단계를 거친다. 교수 평가의 기준은 그 분야에서 '얼마나 많은 업적을 쌓았느냐'이며, 이를 객관적으로 알 수 있는 게 바로 학술지에 게재한 논문 편수다.

리더십을 화두로 하는 학술지도 있을까? 당연하다. 〈리더십 쿼털리〉, 〈리더십〉, 〈리더십과 조직연구(The Journal of Leadership & Organizational

Studies)〉, 〈리더십과 조직개발(Leadership & Organization Development Journal)〉이 있다.

그런데 학술지에도 등급이 있다. 경쟁률이 치열한 학술지가 있는 반면, 돈을 주면 논문을 내주는 학술지도 있다. 세계적으로 유명한 학술지에 논문을 내려면, 논문의 품질과 내용으로 치열한 경쟁을 거쳐야 한다.

논문을 투고하면 바로 게재 허가가 나지 않는다. 인터넷 동호회 사이트에 내 마음대로 글쓰기 버튼을 눌러 글을 올리는 행위와는 거리가 멀다. 논문 발간 책임을 맡은 편집장이 동료 연구자들 2~3명에게 공식적으로 심사를 요청한다. 이를 동료 심사(peer review)라고 하며, 익명으로 진행한다. 논문 저자와 심사자가 서로 누구인지 모르게, 오로지 논문의 질적 수준만 놓고 객관적으로 평가하도록 하는 장치인 셈이다.

이 과정을 거쳐 한 학술지에 게재되는 논문은 1년에 약 50~200편이다. 그렇다면 투고된 논문 편수는 어느 정도나 될까? 경영학에서 가장 유명한 학술지인 〈경영학 저널(Academy of Management Journal)〉의 편집장은 연평균 약 1,100편의 논문이 투고된다고 밝혔다.[45] 동료 심사를 거쳐서 게재된 편수는 1년 평균 58편이다. 투고 편수 대비 게재된 논문이 5%에 불과한 셈이다. 이런 경쟁을 뚫고 발표된 논문이니 그만큼 그 분야 전문가들에게 인정을 받는 수준 높은 연구라 할 수 있다. 공신력이 매우 높은 결과물이다.

학문만 말하니 내용이 다소 딱딱해졌다. 학문도 결국 사람이 하는 일이기에 그 안에 이야기가 존재한다. 여담으로 내 이야기를 꺼내볼까 한다.

박사 공부를 결심할 때 나는 앞으로 3년 안에 공신력 있는 해외 학술지에 내 이름이 새겨진 논문 한 편을 내겠다는 야심 찬 목표를 세웠다. 박사 공부는 곧 내 인생을 걸고 그 분야에 매진하겠다는 의미다. 박사 과정 합격 통지를 받고, 내가 선택한 연구실에서 호출이 왔다. 연구실 사람들이 모두 모이기로 했으니 인사하러 오라고 했다. 자기소개를 하라기에 연구하고 싶은 주제와 더불어 3년 안에 해외 학술지 논문 출간이라는 목표를 말했다. 그랬더니 몇몇 선배가 피식 웃었다. 나중에서야 그 웃음의 의미를 이해할 수 있었다.

내 전공은 연구실에서 실험해 그 결과를 사실적으로 기술하면 논문이 되는 분야가 아니라, 논리적이고 체계적으로 이론을 구축하고 설득해 나가는 게 핵심이다. 해외 학술지에 논문을 내려면, 소위 영어 글빨, 문장력이 뒷받침되어야 했다. 정답이라는 것이 없는 문제를 누가 읽어도 고개를 끄덕이게 쓰려니, 토종 한국인으로서 여간 힘든 문제가 아니다. 나중에 박사 선배가 이렇게 조언했다.

"해외 학술지에 논문 낸다고 설레발 치지 마라. 말로만 해외 논문 쓴다고 하면서, 정작 한국어 논문도 제대로 쓰지 못하는 사람들이 수두룩하다. 말로 하지 말고 실력으로 보여라."

그 말을 듣고 얼굴이 화끈거렸다. 제대로 알지도 못하고 그런 목표를 공개적으로 말하다니 선배들 눈에는 머리 빈 철부지 후배 같아 보였을 듯하다. 그런데 한편으로는 오기가 생겼다.

'그래? 그게 정말 그렇게 어려운 거야? 실력을 쌓아 제대로 보여줘야지.'

박사 과정 2학기가 끝날 때, 해외 학술지에 처녀작을 투고했다. 그때만 해도 자신 있었다. 이 정도면 충분히 게재될 거라고 여겼다. 1년 만에 회신이 왔는데, 결론은 게재 불가였다. 아, 지금 돌이켜보면 민망한 수준의 논문이었다. 이를 악물고 박사 과정 4학기 때 네 편의 논문을 작성했다. '총을 여러 방 쏘면 그중에 하나는 맞겠지' 하는 심정이었다. 그중 세 편을 몇 년 후에 해외 학술지에 게재할 수 있었다.

다시 본 이야기로 돌아와서 1990년에 창간된 리더십 분야에서 가장 유명한 학술지 〈리더십 쿼털리〉를 한번 깊숙이 들여다보자. 30년간 쌓인 논문이 1,200여 편인데 이를 어떻게 들여다볼 수 있을까? 우선, 논문 한 편 한 편에 담긴 모든 단어를 텍스트 분석 기술을 이용해서 살펴봤다.

앞서 우리는 리더십 정의 81개를 단어 빈도 분석으로 알아봤다. 단순히 특정 단어가 몇 번 출현했는지 그 횟수만 세는 방식이었기에 매우 쉬웠다. 그러나 그 단어가 어떤 단어와 자주 어울려서 사용되었는지, 어떤 뉘앙스로 쓰였는지는 전혀 알 수 없다. 예를 들어 구성원들이 리더를 평가할 때 종종 사용하는 '강하다'라는 형용사가 약 500회 나왔다고 해보자. 구성원들은 무엇이 강하다고 한 걸까? 체력이 강하다고? 성깔이 강해서 싫다고? 아니면 목표를 달성하는 실행력이 강하다고?

단순히 출현 빈도만 가지고는 그 단어가 사용된 의미를 정확히 파악하기 어렵다. 그래서 공시 출현, 줄여서 공출(co-occurrence)이라 부르는 방법을 사용하면 한 문장 또는 한 문서에서 특정 표현이 어떤 단어와 함께 쓰였는지를 알 수 있다. 예를 들어, 상사를 평가한 다음 세 문장을 보자.

- 실행력이 강하다.
- 목표를 달성하고자 하는 의지가 매우 강하다.
- 높은 수준의 목표를 설정하고, 이를 달성하는 역량이 강하다.

여기서 독립적으로 존재해도 의미 파악이 가능한 단위인 명사, 고유명사, 형용사, 부사, 동사로 구분해 단어들을 추출한다. 그중 형용사 '강하다'와 '공출'한 단어가 무엇인가? 첫 번째 문장에서는 실행력, 두 번째에서는 목표, 달성, 의지, 세 번째에서는 높다, 수준, 목표, 설정, 달성, 역량이다. 이런 식으로 '강하다'라는 표현과 연결된 언어 네트워크(language network)를 만들어낼 수 있다.

이 방법을 통해 〈리더십 쿼털리〉 1,200여 편에 사용된 단어들의 네트워크를 살펴보자.

다음 페이지 그림의 작은 원 위에 키워드가 표시되어 있다. 원의 크기는 그 단어가 출현한 상대적 빈도다. 원이 큰 순서대로 꼽아보면 transformational leadership(변혁적 리더십), employee(구성원), supervisor(상사), subordinate(부하), team(팀), approach(접근), development(개발) 순이다. 원과 원을 잇는 선은 함께 출현한 정도를 나타낸다.

유사한 맥락으로 활용된 단어들을 구분해보면 크게 3개의 군집이 나타난다. 하나는 상단 오른쪽의 'transformational leadership'으로 리더십에서 가장 빈번하게 연구된 개념이다.

두 번째는 하단 오른쪽으로 supervisor(상사), subordinate(부하), 구

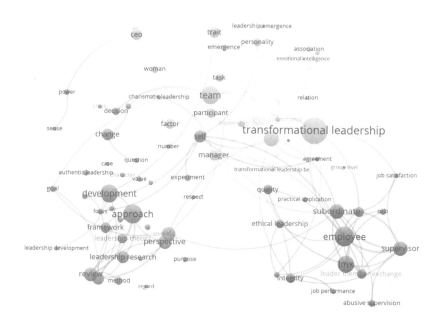

〈리더십 쿼털리 공출 분석 결과〉

성원(employee)과 더불어, LMX(leader-member exchange; 리더-구성원 교환 관계)라는 단어가 포함되어 있다. 리더십 연구에서 LMX는 커다란 학문적 줄기 중 하나다. 리더십 초기 연구자들은 리더가 부하들 모두와 집단적이면서 동질적인 관계를 형성한다고 가정하였다. 예를 들면, 삼국지의 조조가 휘하 장수들 모두와 같은 수준의 관계를 맺고 있다고 가정하는 식이다. 하지만 현상적으로는 조조가 신임했던 장수도 있었고 친하지 않았던 부하도 있었다. 1970년대 그레인(Graen)은 리더는 휘하 구성원들과 개별 관계를 형성한다고 주장했다.[46] 어느 부하와는 개인적인 고민도 공유하는 친밀한 관계를 맺지만, 어느 부하와는 공식적인 업무 관계로만 교류한다. 이처럼 리더가 부하들 개개인과 개별적인 교환관계를 발전시키는 과정을 연구하는 게 LMX다.

마지막으로 하단 왼쪽의 군집을 보면, framework(프레임워크), leadership theory(리더십 이론), method(방법론), experiment(실험) 등의 단어가 나온다. 리더십 이론과 그 연구 방법론에 대한 단어 집단이다.

수천 편의 논문을 한눈에 볼 수 있다니, 참 신기한 세상에 살고 있다. 논문 한 편에 연구자들이 쏟은 시간을 생각한다면, 그 내용을 이렇게 단정적으로 정리해도 되나 하는 죄책감이 들기도 한다.

내가 처음으로 해외 학술지에 게재한 논문은 좌충우돌을 많이 겪었다. 연구 모델을 만들고, 자료를 수집하고, 글을 쓰는 데 약 1년 6개월이 걸렸다. 설레는 마음으로 논문을 투고했더니 3개월 만에 그 분야 연구자들이 심사한 결과가 왔다. 비판한 사항이 무려 38개였다. 토종 한국인으로서 영어를 잘은 못 하지만, 문장의 뉘앙스는 느낄 수 있었다. 송곳같이 매우 날카롭고 까칠한 표현들이었다. 가슴이 얼마나 아프던지.

비판한 항목들을 학문적으로 보완하거나 설득하고 양해를 구하는 작업이 필요했다. 그러자면 논문을 처음부터 끝까지 다시 써야 하는 상황이었다. 그날 마음이 너무 울적해서 술을 마셔야 했다.

그래도 포기할 수는 없다는 마음으로, 꾸역꾸역 논문을 다시 작성했다. 38개 지적 사항을 이렇게 저렇게 보완하고 수정했다는 편지를 따로 써야 했다. 이 편지 분량도 만만치 않았다. 그리고 다시 투고했다. 38개 지적을 논리적으로 보완했으니 이제는 괜찮겠지 하고 내심 기대했다. 3개월 만에 2차 심사 결과가 나왔다. 메일 본문을 열어보자마자 절망에 빠졌다. 두 번째 심사에서는 또 34개 사항을 비판받았다.

일말의 희망은 있었다. 내 논문이 아예 가치가 없다면 재고의 여지도 없이 '게재 불가' 판정을 주었을 텐데, 이번에도 '수정 후 재심사'였기 때문이다. '네가 34개의 비판을 잘 보완하면, 동료 연구자들이 재심사하도록 해주겠다'라는 뉘앙스였다. 또 한 번 고쳐서 투고를 했다.

다시 3개월 만에 이메일이 왔다. 이번에는 몇 개나 지적을 받았을까. 무려 32개였다. 그런데 지적하는 톤이 사뭇 달랐다. 루이스 테트릭(Lois Tetrick)이라는 조지메이슨 대학교의 연로한 교수가 새로운 편집장이 됐는데 그녀는 이렇게 편지를 썼다.

"귀하의 논문을 검토하였습니다. 제가 이 원고에 대해 처음부터 관여하지는 못했지만, 귀하의 논문은 상당히 흥미롭고, 시의적절하게 학문적인 문제를 제기하고 있습니다. 그리고 당신은 지난 여러 번의 지적 사항에 대해 매우 수용적으로 임해왔음을 알 수 있었습니다."

마치 할머니가 손자를 옆에 끼고 하나하나 가르쳐주듯이 친절하게 피드백을 주었다. '이 부분은 논리적인 비약이 있다. 이런 식으로 보완하면 어떨까? 이 문장은 너의 주장을 충분히 살리지 못하니 이렇게 구조를 바꾸면 더 좋겠다. 영어에서는 이 단어가 그리 어감이 좋지 않으니 이 단어로 바꾸면 좋겠다'라는 뉘앙스였다. 지적이 아니라 조언이었다. '내가 너를 정말 돕고 싶다'라는 마음이 느껴져 눈물이 날 뻔했다. 초보 연구자인

데다 영어도 잘하지 못하는 나를 대하는 그분의 마음이 너무 고마웠다.

그 하나하나를 다시 고쳐서 네 번째 투고를 했다. 마침내 편집장에게 이런 편지를 받았다.

"귀하의 논문을 재검토하였습니다. 귀하는 그동안 저와 동료 심사자들의 의견을 매우 수용적으로 받아들이고, 적극적으로 대응했습니다. 저는 귀하의 논문에 대해 게재 수락 판정을 내렸음을 기쁘게 알려드립니다. 저는 이 논문이 학문에 중요한 이바지를 할 것이라고 믿습니다."

이 과정이 총 2년이 걸렸다. 연구 모델을 세운 것까지 하면 최종 수락까지 3년 6개월이 걸린 셈이다. 이를 통해 배우고 깨달은 바가 정말 많았다.

먼저, 다른 연구자가 집필한 논문을 가볍게 여기지 말아야겠다고 다짐했다. 공부하면서 머리가 커지고, 그러다 보면 다른 연구자의 논문을 보면서 '그래서 네가 주장하고픈 말이 뭔데? 연구 방법론은 왜 이 따위지?' 하고 비판만 해댄다. 그 안의 '옥'은 보지 못하고 단점들만 조목조목 깐다.

아울러 나도 루이스 테트릭 교수처럼, 나중에 성장하면 학문 후세대들에게 긍정적인 영향력을 발휘해야겠다 싶었다. 까칠하게 비판만 할 일이 아니라, 학문적인 엄격성은 추구하되 부드럽게 조언하고 지원해야겠다고 다짐했다.

해외 학술지에 처음 논문을 싣는 과정에서 이와 같은 우여곡절을 겪었으니 1,200편의 논문을 단번에 정리하는 일에 다소 죄책감을 느끼는 내 심정이 조금은 이해가 될 것이다.

리더십 학자들이 연구한 결과를 보니 어떤 느낌이 드는가. LMX 연구나 변혁적 리더십이나 상사-부하 간의 관계에 초점을 맞춘다. 학자들이 가장 많이 연구해온 변혁적 리더십 개념을 예로 들어보자. '변혁'이라는 표현이 있어 매우 거창한 리더십 같아 보인다. 리더가 옛날 관행들을 일거에 퇴출하고, 새로운 아이디어를 적용해 거대 조직을 혁신적으로 바꿔야 할 것 같은 느낌이다. 개념 자체가 주는 뉘앙스가 거창하다 보니, 기업현장에서 매우 환영한 이론이다.

이 이론은 제임스 번스(James M. Burns, 1978)에 의해 논의가 시작되었다.[47] 그가 주로 논한 대상은 정치가였다. 사회를 제대로 개혁하기 위해서는 리더가 힘을 가지고 강압적으로 밀어붙이기보다 사람들의 도덕적 가치관에 호소해야 한다고 주장했다.

뒤를 이어 버너드 바스 교수에 의해 개념이 더욱 정교하게 발전하는데, 그는 조직 맥락에 보다 초점을 맞췄다.[48] 구성원이 리더에게 신뢰와 존경을 느끼면, 더 많은 업적을 거둘 수 있음을 관찰해 리더가 구성원에게 무조건 복종을 요구할 것이 아니라 구성원의 생각, 태도, 가치관을 바꾸는 리더십을 발휘해야 한다고 주장했다. 구성원이 돈과 명예를 좇기보다 조직의 사명을 중시하고 조직 목표에 헌신하도록 영감을 불어넣어야 한다는 말이다. 바스는 리더가 보여야 할 행동을 네 가지로 요약했는데, 신뢰와 충성심을 불러일으키는 천부적인 능력인 '카리스마', 영감을 부여하는 '비전', 개인이 처한 상황을 고려하는 '개별적 배려', 새로운 생각과 방식을 촉진하는 '지적인 자극'이다.

어느 날의 일화가 떠오른다. 안면이 있던 한 인사 담당자에게서 연락을 받았다. 그날 아침 CEO가 팀장급 이상 모든 리더에게 변혁적 리더십 교육을 하라고 콕 짚어 지시하였다고 한다. 임원과 팀장의 변혁적 리더십 수준이 어느 정도인지 진단하고, 그에 맞춰 단계적인 교육 프로그램을 기획하라고 지시했다. 인사 부서는 부랴부랴 시중에서 변혁적 리더십을 진단하는 도구와 교육 프로그램을 알아봤고, 그 와중에 내게도 연락이 왔다. 변혁적 리더십과 관련된 학문적 측정 도구를 보내달라는 부탁에 이것저것 찾아서 이메일로 송부했다.

일주일쯤 지났을까? 그로부터 다시 연락이 왔다. 지난번에 급하게 요청했는데 바로 도움을 주어 감사의 말을 하고자 전화했다고 한다. 그래서 그간 상황이 어찌 진척되었냐고 물었다. 그가 이런저런 자료를 모아 기획안을 만들어, CEO에게 보고를 드렸다더니 CEO는 본인이 원하던 방향이 아니라고 다시 생각해보자고 했단다.

왜 그랬을까? 사용한 용어는 같지만 정의가 각자 달랐기 때문이다. CEO는 회사의 비즈니스 모델을 변화시키고 혁신을 주도하는 관점의 '변혁적 리더십'을 기대했다. 리더십 진단부터 하라고 해서 진단 문항을 보여주니 "내가 생각했던 내용이 아니다"라고 한 것이다.

다음 페이지 표에서 변혁적 리더십의 학문적인 측정 문항을 살펴보자. 이는 우리나라에서 변혁적 리더십 진단 도구를 타당화한 임준철·윤정구 교수,[49] 한태영·탁진국(2005) 교수[50]의 논문에서 일부를 인용하였다. 이 진단 문항들을 살펴보면, 리더와 부하 간의 관계에 초점을 맞추고

세부요인	진단 문항
이상적 영향	상사가 있는 것만으로도 우리에게 격려가 된다 내 상사는 모든 사람에게 존중받을 만하다 나는 상사를 완전히 신뢰한다
영감적 동기부여	내 상사는 내 장래를 밝게 해준다 내 상사는 우리가 할 수 있다고 고무시킨다 내 상사는 나에게 목적의식을 심어준다
개별적 배려	내 상사는 부하들 하나하나를 배려해준다 내 상사는 소외된 부하들에게 개별적으로 관심을 기울인다 내가 원하는 것이 무엇인지 알고 그것을 도와주려 한다
지적 자극	내 상사는 기존의 문제를 새로운 방식으로 생각할 수 있게 한다 내 상사는 골칫거리였던 문제를 새롭게 보는 방법을 제시한다 내 상사는 당연시 여겼던 것을 다시 한 번 생각하도록 한다

〈변혁적 리더십 측정 문항〉

부하의 생각, 가치관을 변화시키는 것에 집중하고 있다. CEO나 최고경영층이 일상적으로 사용하는 '변혁'의 의미와는 거리가 있다.

앞서 우리는 '리더십은 부하들의 인기투표에 불과할까'에서 원래 리더십과 전략은 한 몸이었다는 하버드 경영대학원 몽고메리 교수의 주장을 살펴보았다. 그렇다면 도대체 기존 리더십 연구는 왜 상사-부하 사이 관계의 질에만 주로 집중했을까? 왜 리더가 전략을 수립하고 실행하는 행동은 제대로 조명하지 못한 것일까?

이유가 있다. 가장 큰 원인은 연구 학문 간의 엄격한 구분의 문제다. 장정일이 그의 저서에서 "오늘날 학문이 점점 학제(學際) 연구가 되어가고 있다"라고 지적한 바와 같다.[51] 리더십 연구는 산업조직심리, 조직행동, 인적자원개발학이 주로 이바지해왔다.

이들 학문은 개인에게 일어나는 현상에 관심이 있다. 개인이 왜 그렇게 인식했는지, 왜 그런 태도를 보이고, 그렇게 행동했는지 원인과 결과를 파악하고 해석하는 데 흥미를 가졌다. 이를 미시 연구(micro study)라고 한다. 이들 연구자가 리더십에 주목했을 때, 리더와 부하 간에 이루어지는 역학관계에 주된 흥미를 느낄 수밖에 없다.

앞서 살폈던 변혁적 리더십을 주창한 버너드 바스가 대표적이다. 그는 1949년에 오하이오 주립대학교에서 산업심리학(Industrial Psychology)으로 박사 학위를 받고 계속 리더십을 연구했다. 현존하는 학자 중 가장 유명한 게리 유클은 1962년에 경영학으로 학사 학위를 받고, 1967년 버클리 대학교에서 산업조직심리학(Industrial-Organizational Psychology)으로 박사 학위를 받았다. 이들의 전공이 심리학 기반이다 보니, 상사와 부하 간의 질적관계에 집중할 수밖에 없었다.

반면 부족장으로서 방향을 짚어내는 일, 즉 리더로서 전략을 수립하고 실행하는 일은 경영전략 학자들이 주로 연구한다. 이들은 기업을 하나의 개체로 간주한다. 예를 들어, 애플에는 수만 명이 있지만 개개인의 특성에 관심을 두기보다는, 애플이라는 기업 자체가 컴퓨터와 스마트폰 시장에서 어떤 행위를 했는지에 초점을 맞춘다. 이를 거시 연구(macro study)라고 한다. 경영전략 학자들은 리더 한 개인이 부하들에게 어떤 영향을 미치는지에는 관심을 두지 않는다.

이들 연구는 미국 학계의 영향력이 압도적인데 미국 대학은 학문의 영역을 엄격히 구분하려는 경향이 있다.[52] 새로운 영역이나 분야가 형성되면 학회를 창립하고 학과를 만들며 커리큘럼을 재정비해 특화되어 발전한다. 한번 학문의 경계가 성립되면, 다른 분야의 연구자들이 진입하기 어렵다. 해당 분야의 패러다임이 명확해지고 견고해지니, 다른 학문의 가정이나 패러다임이 쉽게 유입되지 못한다.

그래서 통합적인 관점이 부족한 단점이 있다. 학제 간 영역 구분이 명확하고, 각 학문의 정체성이 뚜렷한 연유로, 리더십 학자들은 관계 측면에서 사람을 연구하고, 경영전략 학자들은 전략과 실행 측면에서 기업을 연구한다. 결국, 리더가 갖추어야 할 자질을 통합적으로 연구하지 못한다.

다시 한 번 강조해두자. 이 책에서는 리더십을 협의로 접근하지 않는다. 즉 상사와 부하 간의 관계에만 시야를 제한하지 않는다. '이끄는 사람에게 요구되는 자질'로 보다 폭넓게 접근하고자 한다.

4장

:

대중은 리더를
어떻게 생각할까

The
Secret of
Highly
Successful
Leaders

**대중은 리더를
어떻게 생각할까**

소셜 미디어에 드러난
리더의 모습을 살피다

우리는 그동안 성공한 사람의 일화를 수많은 미디어를 통해 접해왔다. 대표적으로 일본의 손정의 회장을 들 수 있다. 손정의는 원대한 꿈을 가져 불과 16세의 나이에 미국으로 건너가 혼자 힘으로 대학까지 마치고 일본으로 귀국하여 사업을 시작했다. 재일한국인이라는 신분이 항상 발목을 잡았지만, 그는 척박한 환경을 기지와 뚝심으로 돌파해내 약 29조 자산가로, 일본에서 2년 연속 최고 부자 타이틀을 거머쥐었다.[53]

이런 성공 일화는 정말 많이 들어왔다. 그런데 오늘 하루를 살아가는 일상인들이 리더에게 갖는 생각을 들여다본 적은 드물다. 리더와 매일 생활하면서 직접 겪고 부딪히고 관찰하는 사람들은 자신의 직속 상사 또는 리더를 어떻게 느끼고 생각할까? 그들의 목소리를 들여다보고 싶다는 생각이 들었다.

트위터, 블로그 등의 소셜미디어에서 '상사', '팀장', '임원', '리더', '리더십'과 관련된 데이터들을 뽑아보았다. 사회적으로 어떤 사건이 발생했을 때, 그에 대한 일반인들의 생각을 들여다보려면 특정 기간에 사람들이 쓴 글을 검색해야 한다. 예를 들어, 봉준호 감독의 아카데미 감독상 수상에 대한 대중의 생각을 들여다보려면 그 사건이 일어난 시점부터 검색해야 한다. 또 어느 기간까지 분석할지 정하는 일도 중요하다. 사건이 벌어지고 한 달간은 매우 강렬한 내용이 많을 수 있다. 하지만 1년 뒤, 2년 뒤는 감정의 강도가 약해지거나, 뉘앙스가 달라진다. 그래서 특정 사건과 관련된 생각은 분석 기간이 중요하다.

그러나 리더와 리더십이라는 주제는 자료 수집 기간이 중요하지 않다. 물론 이 분야에서도 수집 기간이 중요한 주제가 있을 수 있다. 예로서 노무현, 이명박, 박근혜 대통령에게 어떤 생각을 갖는지를 보겠다면, 각 재임 기간의 데이터를 구해서 비교 분석해야 한다. 그러나 지금 우리가 들여다보고 싶은 데이터는 '일반인들이 일상생활에서 리더와 리더십에 대해 느끼는 다양한 생각과 감정'이다. 그래서 기간에 구애받지 않는다.

지난 1년간 소셜 미디어에서 상사, 팀장 등 리더와 리더십을 언급한 글 3만 개를 모았다. 중복되거나 관련성이 떨어지는 글은 제외하고 데이터 가공 과정을 거쳐 몇 가지 텍스트 분석을 하였다. 그중 하나가 대응분석(Correspondence Analysis)으로 가장 빈번하게 함께 출현한 단어들을 집단으로 엮어 이차원 평면에 키워드를 그려준 옆 페이지의 결과물을 보자.

몇 가지 패턴이 보인다. 첫 번째는 '술', '먹다', '힘들다', '싫다', '친구'라는 군집이다. 크게 두 가지 느낌과 생각이 담겼다. 술을 소재로 상사와 갈등을 겪는 문제다. '상사가 술을 못 먹는다고 갈궈서 힘들다', '상사가 자꾸 술 먹자고 해서 싫다'와 같이 토로하는 내용이다. 한국 고유의 직장 문화 중 하나가 회식, 음주다. 회식도 업무의 연장이라면서 무조건 회식에 참여하도록 하는 리더들, 술을 왜 안 마시냐며 야단치는 상사들에게 소셜 미디어로 감정을 쏟아내고 있었다.

다른 하나는 상사가 힘들게 해서 술을 마셨다는 내용이다. 상사에게 깨져서 그날 밤에 집에서 혼자 먹었다는 이야기, 상사가 스트레스를 심하게 주어 친한 친구들끼리 '술을 퍼마셨다' 등이다. 회사 동기들끼리 상사 욕을 하면서 마시고 스트레스를 푼다는 이야기들도 있다. 역시 직장인의 백미는 동료와 나누는 상사 뒷이야기인지도 모르겠다.

두 번째로 보이는 단어는 '퇴근', '집', '오다', '시간', '야근', '업무'다. 이 단어들의 의미는 굳이 장황하게 설명하지 않아도 알 듯하다. '상사가 붙

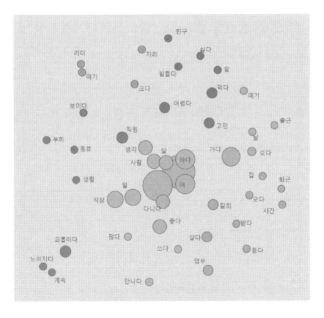

〈소셜 미디어 공출 분석 결과〉

잡아서 야근하다 집에 늦게 들어왔다', '임원과 팀장이 늦게까지 퇴근을 하지 않아서 눈치 보다가 집에 밤늦게 왔다' 등이다. 직장인들의 애환이 구구절절 느껴진다. 글을 하나하나 읽다가 발견했는데, 이런 말을 남긴 상사도 있다.

"업무를 다 끝내지 않고 가는 것은 '퇴근'이 아닌 '탈주'라고 하는 거야."

세 번째로 눈에 띄는 단어는 '괴롭히다', '느껴지다', '갈구다', '계속'이다. 상사가 계속해서 갈구고 괴롭힌다는 이야기다. 이것도 두 가지 유형이 존재했다. 하나는 상사가 업무적으로 계속 힘들게 한다로 심지어는 개인적인 감정 때문에 사사건건 뭐라고 한다는 종류의 이야기도 있었다.

다른 하나는 본인을 직접 갈구지는 않지만, 상사의 독특한 행동 때문에 괴롭다는 의견이다. 몇 개만 직접 인용해본다.

"상사가 사무실 전화로 여기저기 아무 콜센터에 전화해 고래고래 욕설을 하는 게 일상인데, 그걸 듣고 있느라 수명이 한 30년쯤 깎인 것 같다."
"상사가 자꾸 사람 좋은 척 '나는야, 부하직원 챙기는 착한 상사' 이러면서 쾌남 흉내 내 괴롭다. 내가 이래서 회사만 오면 시름시름 앓는다."

일반인들이 상사, 리더에 대해 어떤 감정과 생각을 하고 있는지를 보니 직장인으로서, 부하로서 겪는 어려움, 애환, 서러움들이 대부분이었다. 물론 상사에 대한 감사, 즐거움, 기쁨의 감정들도 있다. 본인이 존경하는 상사가 영전해서 기쁘다, 좋은 상사와 같이 일해서 즐겁다는 코멘트다.

하지만 일반 대중은 부정적이고 뜨거운 감정들을 소셜 미디어에 쏟아내고 있었다. 일하면서 잠시 짬이 날 때, 야근하면서 책상에서, 야근을 마치고 돌아가는 대중교통에서 쓴다. 집에서 혼자 술을 마시고 나서 다소 격앙된 기분에 쓰는 때도 있었다. 블로그, 트위터에 감정을 공유하고, 지인으로부터 공감과 위로를 받고 싶었으리라.

그처럼 공감과 위로가 필요했던 어떤 이의 경험담을 소개해본다. 다른 부서에서 온 부장이 있다. 그는 엄청난 꼰대 리더십을 보여주었다. 카카오톡에 부서 단체방을 만들어서 매일 아침 출석 체크를 시킨다. 조금이라도 늦게 출석을 체크하면 그날 종일 엄청난 갈굼을 감수해야 한다. 그렇게 하는 이유가 유대감을 높이기 위해서라고 한다.

위-아래도 엄격히 구분하는 스타일이라 아랫사람은 상사에게 존대해야 하고, 윗사람은 당연히 반말로 지시해야 한다는 신념이 강했다. 팀에서 어느 과장이 "김 대리님, 이거 해주세요"라고 하는 말을 듣고는 곧바로 팀원들을 소집시켰다. 직장에서는 위계질서가 무너지면 안 된다, 상사는 무조건 반말로 명령해야 한다며 일장 연설을 늘어놓았다.

또 상사가 저녁 먹으러 가자고 하면 무조건 따라나서길 바랐다. 회식 일정을 미리 잡는 스타일도 아니었다. 즉흥적으로 '술 마시러 가자'고 하면 선약이 있더라도 따라나서야 했다. 중요한 약속이 있다고 하면 "야, 누가 죽었냐? 장례식 아니면 그냥 따라와. 내가 사원 시절에는 말야, 친척 장례식장에 가야 했어도 상사가 가자고 하면 바로 따라나섰다"라는 드립을 날렸다. 그러고는 밤늦게까지 술을 부어라 마셔라 해야 직성이 풀리는 사람이었다.

특히 술자리 예의를 무척이나 강조했다. 술에 좀 취해서 벽에 등을 대고 있으면 '상사 앞에서 그렇게 편한 자세로 있는 거 아니다'라는 둥, 술 따를 때 소주 상표가 보이면 난리도 그런 난리가 없다고 한다. 보통은 1차 끝나고 집에 갈 사람도 있을 수 있는데, 부서 화합을 해친다고 그 누구도 중간에 가지 못하게 했다. 새벽까지 함께 달려야 했다.

어느 팀원이 회사 점심시간에 책상에 엎어져서 잠시 눈을 붙였더니 따로 불러서 회사가 네 집이냐, 모텔이냐 하면서 엄청 갈궜다고 한다. 자기는 직장인으로서 3~4시간 이상 자본 역사가 없다고, 너는 나보다 젊으니까 그보다 더 잠을 줄여도 된다고 윽박질렀다.

회의 시간에 자기 말에 토를 달면, 분위기가 급속도로 싸해졌다. 회의 끝나고 따로 불러내서 몇 시간이나 일장 훈시한다. 네까짓 게 회사를 아느냐, 일을 제대로 하느냐, 너처럼 상사 무시하고 위계질서를 파괴하는 부하는 처음 봤다, 나는 상사의 말씀을 금과옥조로 삼았다 등등.

우리는 대부분의 시간을 직장에서 보내며 때로는, 아니 어쩌면 종종 하고 싶지 않은 일을 해야 한다. 그 명령을 내리는 주체는 회사이며, 보다 직접적으로는 직속 상사를 통해 일이 내려온다. 하고 싶지 않은 일을 해야 하는 데다가 상사와의 관계마저 별로라면 엄청난 스트레스를 받는다.

앞서 우리는 학자들이 리더십을 '상사-부하 간 관계'라는 틀로 정의하여 연구해왔다는 점을 살펴봤다. 일반 대중의 감정을 들여다보면 매우 뜨

겁고 강렬한 색채가 엿보인다. 상사와의 관계가 삶의 상당 부분, 아니 어떤 경우는 전부를 지배하기도 한다. 왜 기존 학자들이 그토록 '관계 차원'에 집중해왔는지 이해할 만도 하다.

독특성 패러독스가
드러나다

대중의 글을 자세히 읽다 보니, 무언가가 머리를 간질간질 건드렸다. 텍스트 분석을 하려면, 그냥 프로그래밍해서 또는 소프트웨어를 클릭해서 수행하는 게 아니다. 먼저 데이터에 무슨 내용이 담겼는지 눈대중으로 살펴보는데 그때 머릿속에서 무언가 번뜩하고 스쳐 지나가는 심상이 하나 있었다. 내 생각을 자극한 내용을 몇 개 인용해본다.

"오늘 쉬는 날인데 상사가 나 실수한 걸로(별거 아닌데) 열받는다는 이유로 회사에 불러냄. 하아."

"업무에 대해 상사와 이야기 나누다 상사가 문 쾅 닫고 나갔는데 인간적으로 내가 아랫직원이지만 그러면 안 되는 거 아닙니까? 지금 회사고 같은 직원인데, 감정적으로 문 쾅 닫고 나갑니까?"

"직장 상사가 툭하면 아침에 회의하면서 '솔직히 취업하기도 힘든데 너네 갈 데도 없지 않냐, 그니까 이왕 하는 거 열심히 해라'라고 한다.

그냥 확 때려칠까?"

"회사 야유회에서 한창 점심을 먹는데, 상사가 날 불러서 '넌 왜 이런 것도 안 하고 히히덕거리며 밥 먹고 있냐'고 했다. 그가 말한 이런 것이란 찌개가 잘 끓는지, 부족한 밥이나 반찬은 없는지 살펴보고 과일 깎는 거였다."

"몸이 아프다 하면 가족이랑 친구들은 걱정해주는데, 우리 상사는 악독하게 굴리려고만 한다. 하아."

"몸이 안 좋아서 반일 휴가를 내고 병원을 좀 가려는데, 상사가 '암 걸린 것도 다리 부러진 것도 아닌데 왜 병원을 가냐? 네가 빠지면 그 업무는 누가 하냐?' 이랬네요. 진짜 말을 해도!!!"

"현장 둘러보다 가벼운 접촉 사고가 나 팀장님이 이틀째 강제 휴가 중이었는데, 프로젝트에 문제가 생기는 바람에 급하게 회사로 출근했다. 그래서 내가 '팀장님, 괜찮으세요?' 하니 '안부 인사는 됐고 바로 회의 준비하세요'란다. 아놔."

이 글들을 읽으면서 여러분은 무슨 감흥을 받았는지 궁금하다. 한마디로 공통적인 구조가 드러난다. 일군의 학자들은 이를 두고 '독특성 패러독스(uniqueness paradox)'라 이름 지었다.[54] 개별적인 서사나 이야기는 각자 고유한 색채를 지니지만, 그 안에서 공통적인 구조가 드러난다는 뜻에서 패러독스라 불렀다.

대중이 한탄한 내용을 분석하면 ① 먼저 상황이 제시된다. 회의, 업무 논의, 야유회 장면이 있고, 휴일 같은 특정 요일도 있고, 갑작스레 몸이 아플 때도 있다. ② 그 상황에서 상사가 어떤 행동을 한다. ③ 그리고 부하인 '나'의 반응이 있다. 특히 감정이 아주 강렬하게 진폭을 그리는 파동이 나타난다.

이 구조를 들여다보며 내 머릿속에 떠오른 단어는 'MOT(Moment of Truth)'이다. '진실의 순간'이라 부르는 개념으로 마케팅 분야에서 워낙 유명한 단어로 널리 알려졌는데 잠깐 살펴보자.

스페인에는 투우 경기가 있다. 투우사가 소의 급소를 찌르는 순간을 'Moment De La Verdad'라고 하는데, 이를 영어로 옮긴 것이 'Moment of Truth'다. 좀 더 풀어서 표현하면 '피하려 해도 피할 수 없는 순간', '실패가 허용되지 않는 매우 중요한 순간'을 의미한다. 이 개념을 경영의 영역으로 옮겨 재해석한 사람이 스웨덴의 마케팅 학자 리처드 노먼(Richard Norman)이고 스칸디나비아 항공사를 이끄는 얀 칼슨(Jan Carlzon)이 받아들여 유명해졌다.[55]

스칸디나비아 항공이 조사한 바에 의하면, 고객 한 명은 평균적으로 다섯 명의 자사 직원들과 접촉하며, 1회 응대 시간은 15초였다. 칼슨은 극히 짧은 15초 동안 자기 회사의 전체 이미지가 좌우된다는 점을 깨달았다. 그가 자주 들었던 예가 '접시'다. 승객이 사용하는 접시가 더럽다는 것을 발견한 순간, 그가 탑승하고 있는 비행기 전체가 불결하다고 느끼게 된다는 것이다.

결국 '진실의 순간'은 제품과 서비스의 품질에 관해 무언가 '결정적인 인상'을 얻는 순간을 의미한다. 고객이 회사 또는 조직과 접촉하는 모든 순간에 발생하며, 그 짧은 시간이 하나씩 쌓여 회사 전체 이미지가 형성된다. 달리 표현하면, 고객은 '진실의 순간'에 그 회사에 대한 감정 곡선이 크게 진폭을 그린다.

진실의 순간에 리더는
어떤 모습을 보여야 할까

진실의 순간을 리더십 맥락으로 가져와서 생각해보자. 고객을 외부고객과 내부고객으로 구분하기도 하는데 외부고객은 조직이 재화와 서비스를 제공하여 이윤을 창출하는 대상이고 내부고객은 조직의 사명과 목표를 위해 모인 구성원이다.

리더와 부하 간의 신뢰는 교호적 관계로, 상호 간에 쌓아가야 한다. 하지만 그 과정에서 가장 영향력이 큰 주체는 리더다. 리더가 부하에게 '나는 상사를 신뢰한다'라는 마음을 얻어내야 하는 주된 주체라고 가정한다면, 진실의 순간이라는 개념이 유용하다.

리더십 맥락에서 크게 두 가지로 생각해볼 수 있다.

진실의 순간 첫 번째는 얀 칼슨이 발견했던 것처럼 짧은 15초 안에 리더의 이미지를 좌우하는 상황이다. 다음 짧은 순간에 두 리더의 행동을 비교해보자.

아침에 출근해서 처음 얼굴을 본 상황

A리더 : 김 과장, 상쾌한 아침이야. 잠은 잘 잤나?

B리더 : 김 과장, 어제 내가 말한 건은 어떻게 되어가나?

A리더는 첫인사를 부하에게 관심 어린 말로 시작했다. B리더는 업무로 말문을 열었다. 둘 다 말을 건네는 시간은 불과 15초도 되지 않는다. 하지만 어떤 말을 하느냐에 따라 리더의 모습이 달리 보인다.

팀 또는 부서 전체 회의를 막 시작한 상황

A리더 : 요즘 우리 부서가 해야 할 일이 많지요. 업무가 많아서 저는 여러분들 피로도가 정말 많이 걱정됩니다.

B리더 : 요즘 우리 부서가 해야 할 일이 많지요. 이런 시기일수록 지난번같이 실수하지 말고, 제대로 처리하길 바랍니다.

'아 다르고 어 다르다'라는 우리나라 속담이 참 통찰력 있다. 두 리더에게 주어진 시간은 똑같이 15초인데, 어쩜 이렇게 서로 다를 수 있을까. 리처드 노먼과 얀 칼슨이 주장하는 바를 빌리면, 그렇게 짧은 순간에 보이는 언행이 모이고 모여 리더의 이미지가 형성된다.

코로나19로 기능이 올스톱된 부서들이 있었다. 이 장애를 넘어서 어떤 시도를 해볼 수 있을지 머리를 쥐어짜며 고민해보지만, 어쩔 수 없는 벽이란 게 있기에 다들 한숨이 가득하다. 왜 아니겠는가. 일없이 다니면서 월급 받는 기분이 어디 그리 좋을 리가 있겠는가. 이 상황에서 어떤 상사들은 이렇게 말한다.

"그동안 재밌게 놀았지? 일도 없고 얼마나 좋아. 좋은 세월 보냈으니, 이제는 일 좀 해야 하지 않겠어?"

말하는 본새가 영 아니다. 그동안 누가 놀았단 말인가. 다들 한숨과 걱정으로 가슴 졸이며 산 계절을 깡그리 무시하다니 왜 이리 말 한마디로 신뢰를 잃는단 말인가.

리더십 개발 프로그램에 참여한 리더 중에 많은 분이 이런 불만을 토로한다.

"회사는 성과를 내야 합니다. 그러라고 회사에서 임원과 팀장 자리를 내어준 거죠. 성과를 내느라고 정신없고 바빠 죽겠는데 언제 구성원들을 배려하고, 그들의 의견을 경청하고, 존중해줍니까? 제발 좀 둘 중 하나만 제대로 하게 내버려두세요. 둘 중에 하나라면 저는 일과 성과입니다."

이분들은 사람 관리에 대한 오해가 있고 성과관리 또는 일관리와 사람관리를 완전히 이분법적으로 생각한다. 하나를 제대로 해내려면 다른 하나를 포기해야만 한다고 믿는다. 구성원을 배려하고 의견을 존중해야 한다고 강조하면 업무 시간 내내, 365일 내내 그렇게 해야 하는 줄로 여긴다. 하지만 부하들로부터의 신뢰는 '진실의 순간', 그 짧은 순간에 상당 부분 좌우된다.

진실의 순간 두 번째 유형은 '일상적이지 않은 상황'이다. 대표적으로 부하 본인, 부모, 배우자, 자녀가 아파서 어쩔 수 없이 자리를 비워야 할 때다.

구성원이 "몸이 안 좋아서 휴가를 내고 병원에 가겠습니다"라는 말을 했을 때, 그 짧은 시간 동안 리더가 보이는 첫 반응이 결정적이다. 부하의 건강을 먼저 걱정하느냐, 업무를 먼저 걱정하느냐가 리더에 대한 인상을 크게 좌우한다.

우리 주변에는 너무 쉽게 부하들의 마음을 돌아서게 하는 리더들이 있다. 어느 직장인은 결혼 예물을 준비하느라 양가 어머님과 약속이 잡혀 상사가 소집한 술자리에 갈 수 없었다. 다음 날 상사가 불러 역정을 냈다.

"요즘 너무 바쁜가 보네. 상사가 회식에 부르면 무조건 달려와야 하는 거 아닌가?"

"어제는 예물 준비 때문에 참석하기 어려웠습니다."

"지금 변명하는 거야? 남들 다하는 결혼이 뭐 대수라고. 그딴 식으로 하면 네 결혼식에 안 갈 수도 있어."

결혼은 개인의 일생을 좌우하는 선택이다. 이런 때 제대로 대응하지 못하면, 평생 마주하고 싶지 않은 상사가 될 수 있다.

또 다른 사례를 살펴보자. 신종 플루로 우리나라가 몸살을 앓았던 시절이었다. 어느 사무실 직원 한 명이 신종 플루에 걸렸고 뒤를 이어 다른 직원들도 줄줄이 걸리기 시작했다. 어쩔 수 없이 신종 플루 환자들은 병가를 냈다. 그러자 고위직 리더 한 명이 전사 공지를 보냈다.

"신종 플루 핑계를 대고 집에서 쉬는 직원들이 있는데, 좋은 제도를 악용해선 안 됩니다. 어차피 다들 걸릴 거니 그냥 회사 나오세요. 저도 걸려봤는데 신종 플루 별거 아니더군요."

일부 비양심적인 직원이 있을 수도 있다. 그런데 우리 속담에 '빈대 잡으려고 초가삼간 태운다'라는 말이 괜히 있는 게 아니다. 직원 몇 명의 일탈이 눈에 거슬린다고, 나머지 전체 직원의 마음이 돌아서게 만든 사례다.

이런 사례도 있다. 어느 날 공장에서 품질 불량 문제가 크게 터져 영업 부서와 전쟁 아닌 전쟁이 났다. 그 상황에 공장장이 공장 지원 부서에 와 썩은 웃음을 날리며 비꼬았다.

"너희는 뭐했냐? 있으나 마나 한 부서 아니냐. 이럴 거면 그냥 부서 없애자."

내 지인은 이렇게 아쉬움을 토로했다.

"부서의 존재 가치를 부정하기보다 그 불량을 어떻게 잡을지, 납품은 언제까지 다시 맞출지 같은 문제 해결에 먼저 초점을 맞춰야 하는 거 아닙니까."

5장

:

기업 구성원은
리더를 어떻게 볼까

The
Secret of
Highly
Successful
Leaders

기업 구성원은
리더를 어떻게 볼까

200개 회사, 10만 명의 평가를 살피다

이 장의 제목을 보고 어떤 독자는 이렇게 질문할지 모르겠다.

"앞에서 살펴본 일반 대중과 기업 구성원에 무슨 차이가 있나요?"

사람이 아니라 데이터 수집 방법과 결과에 차이가 있다. 대중 역시 여느 조직에 소속된 구성원이 맞지만 이들은 개인적인 느낌으로 리더들에 대한 생각을 블로그나 미디어에 기록하기에 '강렬한 감정'이 담겨 있다. 즉 '사적인 영역'에서 표출된 결과물이다.

반면, 기업 구성원은 조직의 공식적인 절차와 제도를 통해 상사의 리더십에 대한 의견을 기술한다. 기업마다 부르는 이름이 다양할 수 있지만 보통 리더십 서베이, 다면 서베이, 360도 피드백 서베이와 같은 제도다. 공식적인 의견 수렴 과정이므로, 응답자들은 개인의 감정을 절제하고 이성적이고 합리적인 태도로 리더를 평가한다. 물론, 개인에 따라서는 '이성'을 가장한 '감정'을 적어 내기도 한다. 일부는 지극히 '악의적인 의도'를 가지고 기술한다. 그런데도 집단 전체로 데이터를 보면, 이성적이고 객관적인 표현들이 대부분이다.

따라서 대중의 의견이 감성적, 감정적, 주관적 세계를 들여다본 것이라면, 업무 장면에서 공식적인 절차와 제도를 통해 수렴된다는 점에서 기업 구성원들의 의견은 이성적, 합리적, 객관적인 세계를 들여다보는 일이라할 수 있다. 기업 구성원들은 이성과 합리라는 땅을 밟고 있을 때, 리더를 어떤 관점으로 평가할까? 왜 어떤 리더는 최고라고 평하고, 어떤 사람은 최악이라고 할까?

먼저 양해를 구할 사항 하나만 짚고자 한다. 세상에는 다양한 목적을 가진 조직들이 있다. 이익을 추구하는 조직, 사회적 약자들을 보호하기 위한 NGO 단체, 종교적 가치를 절대 선으로 추구하는 조직, 대국민 봉사를 소명으로 삼은 조직 등이 있다.

앞에서 개인이 가진 바람직한 리더십 상은 그가 속한 조직의 사명, 비전, 목적, 문화에 영향을 받는다고 했다. 따라서 기업, 종교단체, NGO, 공기업, 공공기관마다 구성원들이 생각하는 리더십 모습이 다르게 나타날 수 있다. 우리 사회 내 존재하는 대표적인 조직들에 속한 구성원들의 응답 데이터를 입수할 수만 있었다면, 더욱 다양한 리더십 모습을 볼 수 있을 터이다. 하지만 데이터의 한계로 인해, 이 책에서는 기업 조직의 데이터를 가지고 고찰할 예정이다.

이는 약 200개 회사, 10만 명가량의 구성원이 상사 리더십을 평가한 결과다. 특히 '귀하 상사의 강점은 무엇입니까?'라는 질문에 응답한 주관식 내용이다. 구성원이 자기 직속 상사의 강점을 묘사한 결과이지만, 이는 곧 리더가 갖추어야 할 강점을 말해주는 빅데이터이기도 하다.

빅데이터 분석의 핵심은 집단 전체의 인지구조(cognitive structure) 파악이다. 사람은 어떤 현상, 사물을 묘사할 때 머릿속에서 동원하는 단어가 있다. '봄·여름·가을·겨울 중 가을의 좋은 점을 설명해보라'는 요청을 받았다고 해보자. 머릿속에서 파란 하늘, 천고마비, 선선한 날씨가 먼저 떠오를 수 있겠다. 점차 그 주변 단어들로 확산해 가면서 낙엽, 코스모스, 아름답다 등이 떠오른다. 이런 데이터가 5만 건이 있다면 이를 통해 사람들이 가을을 좋아하는 이유를 총체적으로 알아볼 수 있다.

리더와 리더십에 대한 구성원들의 집단 인지구조를 살펴보자. 데이터를 모두 몰아넣고 공출 분석(co-occurrence analytics)을 해봤다. 기업 구성원들은 리더로서 갖추어야 할 강점을 이렇게 응답했다.

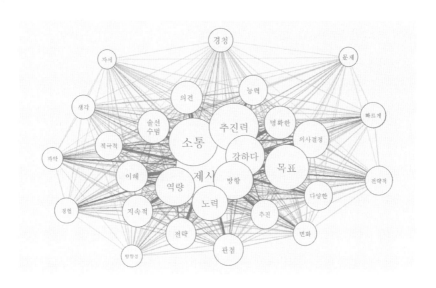

〈리더십 서베이 주관식 공출 분석 결과〉

먼저 눈에 띄는 단어는 원이 가장 큰 '제시'다. 의미를 파악하기 위해 KWIC(Key Word In Context), 즉 특정 단어가 어떤 맥락에서 사용되었는지 살펴봤다. 함께 언급되는 단어는 '전략'과 '방향'이다. 리더라면 조직이 나가야 할 방향, 일을 추진할 때 추구해야 하는 지향점을 제시해야 한다는 의미다.

손무(孫武)는 장수를 지장(智將), 용장(勇將), 덕장(德將)으로 구분했다. 지장은 다양한 견문을 바탕으로 뛰어난 지략과 전술에 능한 전략가형 장수다. 용장은 군사들의 전면에 나서서 진두지휘하는 용맹함과 추진력을 갖춘 장수다. 덕장은 따스하고 부드러운 인품으로 부하들을 이끈다. 이 분류에 따르면 전략, 방향, 제시는 '지장'에 가깝다.

전략이라 하니 무언가 대단한 일을 해야 하는 듯하지만, 이를 '아이디어'라는 단어로 바꾸어 살펴볼 수도 있다. 조직 구성원들이 리더십 서베이가 아니라 트위터나 페이스북에 감정 섞인 글을 올린다면 아마도 이런 내용이지 않을까?

"매출 안 나온다고 아이디어 좀 내라고 닦달을 해댄다. 너희들은 생각이 없냐, 돌머리냐, 회사 출근할 때 머리는 집에다 두고 나오냐? 이러는데 정작 자기는 아이디어 하나 내지도 못하면서 행패만 부린다."

'현실 왜곡장(동료들에게 확신을 심어주고 몰아붙여서 불가능한 일을 하게 하는 독특한 리더십을 일컫는 말)'이라 불렸던 스티브 잡스도 부하의 생각을 자기 아이디어인 것처럼 말하곤 했다. 하지만 그도 무수히 많은 아이디어를 냈고, 또 선견지명이 뛰어났다. 반면 본인은 아무런 고민도 하지 않고 구성원의 의견을 잘 정리해서 윗사람에게는 마치 자기가 낸 아이디어인 것마냥 가장하는 상사가 많다.

내가 면담한 어느 회사 대표는 창업한 지 6년 만에 건실한 기업을 일구어냈다. 성공 비결을 묻자 자신은 '판을 만들고 틀을 짜는 사람'이고 구성원은 그 안에서 '모내기를 하는 사람'인데, 각자 맡은 일을 열심히 했던 덕분이라고 했다. 그는 조직이 생존하고 성장하기 위해 추구해야 하는 방향을 끊임없이 고민했고 실무는 가능하면 다른 리더들과 구성원들에게 위임했다. 운이 좋아서인지 지금까지는 그럭저럭 자기가 예측한 방향이 맞아 떨어져 왔다고 하는 그는 전형적인 지장 스타일이었다.

두 번째로 보이는 단어는 '추진력', '강하다', '명확한', '목표'다. 리더가 목표를 이루고 성과를 달성하는 과정을 묘사한 표현이다. 손무가 말한 '용장'의 모습에 가깝다.

또 어떤 단어가 보이는가. 오른쪽을 보면 '의사결정'이란 표현이 나온다. 그와 관련된 키워드들은 '전략적', '명확한', '빠른'이다. 이는 지장의 모습이다. 주변 환경이 어떻게 변하는지 기민하게 파악하고, 조직이 나아갈 방향을 명확히 그리는 사람만이 빠르고 명확한 의사결정이 가능하기 때문이다. 의사결정은 지장과 용장의 교집합이다. 문무를 겸비한 사람만이 전략적이면서도 신속한 판단이 가능하다.

내 지인의 하소연을 한번 들어보자. 그의 상사는 소위 '큰 그림'도 못 그리고 중요한 결정도 못 하는 사람이다. 일이 생기면 일단 아랫사람한테 뭔가를 해놓으라고 지시를 한다. 어떤 방향으로 했으면 좋겠다는 자기 생각은 전혀 얘기하지 않고 말이다. 아랫사람은 어떻게든 해보려 하지만, 윗사람의 의중을 모르니 계속 헤맨다. 상사는 "야, 그것도 못 해서 헤매고 있냐? 일단 지금까지 만들어놓은 거 프로젝터 화면에 띄워봐"라고 한다. 보고서 초안을 화면에 띄우면 지적하는 일이라곤 파워포인트 서식, 도형 배치, 오·탈자다. 이 일을 이런 방향으로 하면 좋을지, 저런 방향으로 하면 더 나을지에 대한 조언은 전혀 없다.

큰 그림을 그리지 못하니 의사결정을 제대로 내릴 수 없고, 그러니 일이 신속하게 추진되기가 어렵다. 결국, 그가 초반에 세운 목표를 절반도 달성하지 못했다.

마지막으로 눈에 띄는 단어는 '소통'이다. 연관 키워드는 '의견', '경청', '생각', '파악', '이해'다. 구성원의 의견을 충분히 수렴하고, 새로운 아이디어를 수용하여 실행하도록 독려하는 모습이 담겨 있다. 손무가 말한 덕장의 모습에 가깝다.

내가 관찰한 리더는 회의를 시작할 때마다 구성원들에게 "요즘 기분 어때요?", "오늘 활력 지수를 10점 만점으로 하면 몇 점인가요?"라고 묻는다. 구성원들의 시시콜콜한 사생활 이야기를 참을성 있게, 아니 기꺼이 즐기면서 경청한다. 왜 그렇게 하냐고 물으니, 인간적으로 친해져야 서로를 믿고 의지하는 마음이 공고해진다고 했다. 개인사까지 터놓을 수 있는 분위기가 되어야 현장에서 벌어지는 사소한 일도 구성원들이 말할 수 있다고 했다. 때로는 사소해 보이는 사건들을 주의 깊게 엮어내면 그 자체가 중요한 정보가 될 수 있다고도 했다.

그의 부하직원 몇 명과 식사를 하면서 상사를 어떻게 생각하느냐고 물었다. 그들은 '마지막까지도 뒤돌아서지 않을 사람, 그만큼 믿을 수 있는 사람'이라고 했다. 손무가 말한 덕장의 향기가 그 리더에게서 느껴졌다.

지금까지 우리는 기업 구성원의 의견을 종합적으로 살펴봤다. 손무의 말을 빌자면 지장, 용장, 덕장이 고루 나타난다. 여러분의 조직에서는 리더상을 어떻게 그리고 있을지 궁금해진다.

구성원은 어떤 리더 특성이
가치 있다고 할까

기업 구성원들이 생각하는 바람직한 리더상의 총체를 데이터를 모두 몰아놓고 스냅샷(snap shot)으로 살펴봤다. 건축물로 치면 평면도인 셈이라 다소 밋밋하다. 벽을 올려 입체적인 공간을 보려 한다.

'키워드 트렌드 분석'이란 기법이 있다. 트렌드는 시간이 흐름에 따른 대상의 변화를 의미한다. 여기서는 구성원이 응답한 리더십 점수에 따라 강점으로 묘사하는 특정 단어가 얼마나 자주 출현하는지를 고찰한다. 구성원이 5점 척도로 평가한 리더십 점수를 백분위로 만들어서 X축으로 놓고, 각 등위별로 특정 키워드가 출현하는 빈도를 Y축으로 한다.

트렌드가 두드러지게 나타나는 명사 키워드만 인용한다.

1. 비전, 전략, 방향, 제시

분석 결과를 보면 리더십 점수가 높을수록 비전, 방향, 전략, 제시의 빈도가 빈번하게 나왔다. 리더에게서 그와 같은 행동이 많이 드러날수록, 구성원들은 탁월한 리더라고 평가했다.

오늘날의 조직은 너무나도 다양하여 바람직한 리더상이 서로 다를 수 있으니, 옛날 부족을 생각해보자. 이들에게 리더는 '족장'이다. 그는 부족이 어디로 가서 먹거리를 얻을지, 어디에 정착할지를 전적으로 책임지고 결정해야 했다. 정착지를 결정했는데 인근에 적대적인 부족이 있다면, 이 또한 어찌해야 할지 판단했다. 더 나아가, 부족의 미래를 선구적으로 고민해야 했기에 부족의 생존과 번영에 결정적인 영향을 미쳤다.

기업도 마찬가지다. 이들 키워드와 관련된 역량은 조직과 구성원의 생존을 결정짓는다. 세계적인 임원 헤드헌팅 회사의 한국 지사장과 면담을 한 적이 있다. 그는 우리나라 임원들이 일을 추진하고 목표를 달성하는 역량은 우수하지만 '먹거리 찾기'는 약하다고 평했다. 조직의 미래 모습을 구체적으로 그리고, 나아가야 할 방향을 전략적으로 수립하는 역량이 떨어진다는 말이었다.

지인 A가 상사를 보좌하기가 너무 힘들다고 내게 상담을 요청해왔다. 상사는 인간적으로 매우 차가운 사람으로 부하의 심리 상태나 감정은 고려하지 않고 성과를 내는 일에만 집중했다. 두뇌 회전은 엄청 빨라서 그가 생각하는 속도를 따라잡기 어려웠다. A는 '저와 팀원들은 286 컴퓨터 처리장치라면, 그분은 i7 CPU'라고 평했다.

실수가 생기면 주변 사람들은 신경 쓰지 않고 바로 그 자리에서 호되게

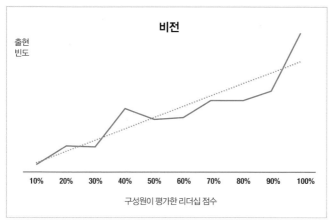

비전

출현
빈도

10% 20% 30% 40% 50% 60% 70% 80% 90% 100%

구성원이 평가한 리더십 점수

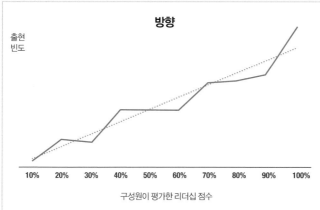

방향

출현
빈도

10% 20% 30% 40% 50% 60% 70% 80% 90% 100%

구성원이 평가한 리더십 점수

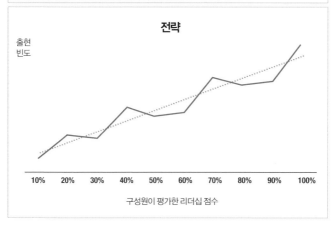

전략

출현
빈도

10% 20% 30% 40% 50% 60% 70% 80% 90% 100%

구성원이 평가한 리더십 점수

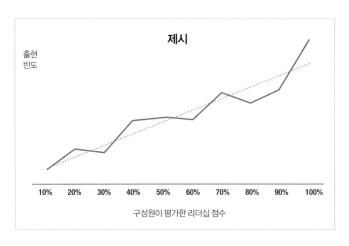

〈키워드 트렌드 분석 결과〉

질책했다. 눈물 쏙 빠지게 혼쭐을 내는 터라 자존심이 바닥까지 내려갈 때가 한두 번이 아니었다고 했다. 그래서 내가 "그렇게 스트레스를 받았으면, 다른 부서로의 이동을 고려해보지 그러셨어요"라고 하니, 여러 번 생각은 해봤지만 행동으로는 옮기지 않았다고 했다. 그 상사 밑에서 몇 년 더 일하고 싶다는 마음도 들었기 때문이었다. 상사는 조직의 비전 설정이나 전략적 판단 역량이 탁월하여, 어떤 일이든 방향성을 기가 막히게 잘 잡는다고 했다. 몇 년간 고생하면 일을 제대로 배울 수 있겠다고 여긴 것이었다.

한 번은 상사가 구상한 일을 임원 회의에서 추진 안건으로 올렸다. 다른 임원들은 '말도 안 된다'며 다들 반대했다. 하지만 상사는 회사의 오너 사장을 끈질기게 설득했다. 배수의 진을 치고 '이 일은 반드시 성공한다, 실패하면 자리를 내놓겠다'라고까지 했다. 사장의 허락을 받아서 추진했는데, 시장에서 대박을 쳤다. 그런 일이 여러 번 반복되니 사장과 임원 모두가 그를 인정했다. 성공 경험으로 자만심에 빠질 법도 한데, 여전히 부하들에게 엄격하듯 스스로에게도 엄격하게 굴었다. 자기 생각과 판단이 옳은지 항상 뒤돌아보고 복기한다고 했다.

상사로 모시기에는 힘든 스타일이지만, 그런데도 그 밑에서 제대로 사업을 배우고 싶다고 했다. 그래서 내가 물었다.

"그런데 상담을 요청하신 이유는 뭔가요?"

A는 이렇게 말했다.

"하소연 좀 하고 싶었습니다. 많이 배우지만, 마음이 힘들어서요."

2. 목표, 책임, 실행, 추진

다음은 목표, 책임, 문제 해결, 추진이라는 단어다. 키워드 트렌드 분석 결과물을 보자. 모두 우상향 추세가 나타난다. 이런 행동을 빈번하게 보일수록 탁월한 리더라고 평가한다.

어느 지인은 이런 경험담을 들려주었다. 그의 상사는 업계 경력이 전혀 없고 사장의 친인척이라는 연줄로 낙하산 인사처럼 채용되었다. 회사 규모가 상당히 컸는데도 말이다. 경력이 없으면 열심히 배워야 하는데, 그런 노력은 전혀 하지 않는 무능한 상사였다.

그는 회의를 무척 싫어했다. 그 분야 전문성이 없으니, 무엇이 원인이고 문제인지 몰랐고 부하들이 이러저러한 대안을 제시해도 그걸 종합적으로 검토할 식견이 없으니 회의 자체를 피하고 싶어 했다. 설령 회의를 열어도 잡담만 두 시간을 한다.

"어제 내가 영화를 봤는데 그 영화들 보셨나?", "요즘 모 회사에서 이런 전자제품이 나왔는데, 이게 정말 신통방통하더구먼."

이런 신변잡기 얘기만 한다. 업무 문제 해결을 위해 구성원 한 명이 회의 흐름을 좀 바꾸려고 의견을 내도 계속 말을 돌린다. 그런데 자기 지위에 대한 자격지심은 있어서, 부하들만 모여 회의할라치면 그렇게 질색을 한다. 각자 일하면 되지 무슨 회의가 필요하냐, 회의는 정말 비생산적인 일이다, 회의가 정말로 필요할 정도라면 중요하다는 건데 그걸 보스인 나를 빼고 하는 게 말이 되냐 하는 식이었다.

그러던 어느 날 상사가 2주간 휴가를 갔는데, 업무가 더 잘 진행되어 일사천리로 풀리는 신기한 경험을 했다고 한다. 예전 MBC 〈무한도전〉에서 유재석이 유시민 작가에게 물었다. "사람은 언제 물러나야 합니까?" 그러자 유시민 작가는 이런 혜안을 건넸다.

"내가 쓰임새가 없다고 판단이 들면, 그 자리를 벗어나는 게 본인에게 더 좋다고 봐요. 내가 있는 것과 없는 것이 별 차이가 없을 때, 내 쓰임새가 다 했을 때."

그 상사는 존재할 때와 존재하지 않을 때 크게 차이 나게 만드는 재주가 있는데, 후자의 경우 더 가치를 냈다. 리더에게 목표를 달성하고 문제를 해결하는 역량이 부족했기 때문이다.

키워드 트렌드 분석 결과를 다시 보자. '문제 해결', '추진'은 우상향하는 경향이 다소 약한 편이다. 다른 키워드에 비해 수평선에 가깝다. 이 둘은 리더가 갖추어야 할 특성 중 하나인데, 기울기가 다소 무딘 이유는 무얼까?

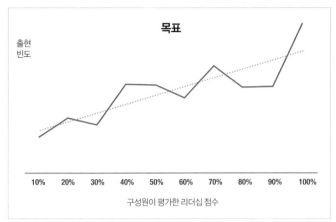

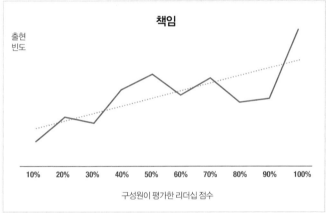

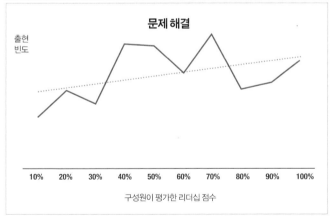

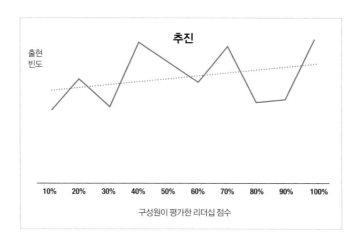

<추진>

출현
빈도

10% 20% 30% 40% 50% 60% 70% 80% 90% 100%

구성원이 평가한 리더십 점수

〈키워드 트렌드 분석 결과〉

　회사별로 패턴을 보니, 몇몇은 오히려 역의 관계가 나타났다. 대표적으로 A사의 분석 결과를 보자.

　A사에서 '문제 해결'은 수평적 추세선에 가깝다. A사 모든 리더가 문제를 신속하게, 제대로 해결해낸다고 가정하면 이 회사에서 문제 해결은 기본 자질이라서 리더십의 좋고 나쁨을 가르는 데 차별적인 요소가 되지 못할 것이다.

　예전에 겪었던 일이 생각난다. 어느 임원과 서울 사무실에서 인터뷰하던 중에, 구성원 한 명이 다급한 일이라며 양해를 구하고 임원에게 보고를 드렸다. 그 본부가 담당하는 여러 제품 중 하나에서 이물질이 발견되어, 부산 지점으로 고객 불만이 접수되었다는 보고였다. 임원은 벌떡 일어나 옷을 챙겨 들고 인터뷰는 나중에 속행하자고 사과하며 뛰쳐나갔다. 후일담을 들으니, 그는 KTX를 타고 부산 지점으로 달려가 역에 내리자마

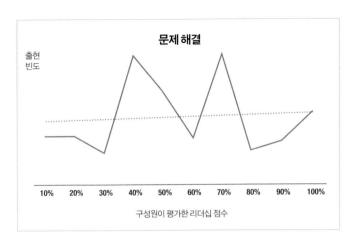

문제 해결

출현
빈도

10% 20% 30% 40% 50% 60% 70% 80% 90% 100%

구성원이 평가한 리더십 점수

〈키워드 트렌드 분석 결과〉

자 고객 집에 방문해서 다짜고짜 무릎 꿇고 사죄를 청했다. 철저한 재발
방지도 약속했다. 고객에게서 어렵사리 용서를 받아내자, 그는 바로 유통
망을 직접 재점검했다. 다음 날 오전에는 생산설비에 문제가 없는지 책임
자와 함께 검토했다. 이 회사 리더들은 문제가 터지면 즉시 제대로 해결
해냈다. '문제 해결'이 수평적 추세선에 가깝게 나타난 키워드 트렌드 분
석 결과는 이와 같은 조직에서 나타나는 패턴이 아닐까 한다.

　또 A사에서 '추진'이란 단어는 우하향 추세선, 즉 리더십 점수가 낮아
질수록 더 빈번하게 출현하는 경향이 있었다. '추진'은 업무, 일, 목표 등
과 함께 호응한다. 부족민의 먹거리를 찾아오는 행위와 밀접한 관련이 있
어 리더에게 필요한 특성인데도, 이 회사에서는 리더십 점수가 낮을수록
왜 '추진'이 더 빈번하게 출현할까.

　백분위별로 '추진'이 다른 표현과 어떻게 공출했는지 살펴보자. 다음과

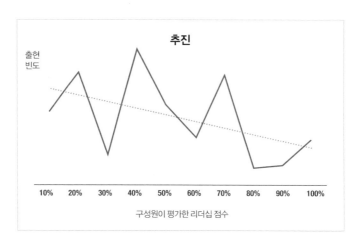

추진

출현
빈도

10% 20% 30% 40% 50% 60% 70% 80% 90% 100%

구성원이 평가한 리더십 점수

〈키워드 트렌드 분석 결과〉

같은 패턴이 드러났다.

① **리더십 상위 집단:** '추진'보다는 다른 강점을 더 많이 부각하여 기술한 경향이 있었다. 조직의 방향성을 명확히 제시한다, 일의 본질을 제대로 짚어낸다, 구성원을 신뢰하고 존중한다, 자기관리가 철저하다 등.

② **리더십 중위 집단:** '추진'이란 표현과 더불어 '어떻게든 성과를 낸다'라는 뉘앙스의 글이 많이 나타났다.

③ **리더십 하위 집단:** '업무를 강하게 추진한다, 그러나 그뿐이다'라는 표현들이 두드러졌다.

②번 유형에서 극단적인 사례를 보자. 구성원이 스트레스를 받든, 심리적으로 탈진에 빠지든, 몇 명이 퇴사하려고 하든, 신경을 별로 쓰지 않는

다. 오로지 성과를 내는 일에만 집중한다. 머릿속에는 목표 달성밖에 없는 듯하다. 눈 옆을 가림막으로 가리고 앞만 보며 질주하는 경주마처럼 말이다. 그런데 이 리더가 어쨌든 경주에서 1등을 해낸다.

여러분은 이 상사의 강점을 뭐라고 평가하겠는가. 업무 방향을 제대로 제시하고 성과를 내는 행동을 강점으로 적겠지만, 구성원을 존중하거나 배려하는 측면의 강점은 별로 쓸 말이 없다. 부하들은 강점 영역에 이렇게 기술할 것이다.

"추진력이 매우 강하다. 목표를 반드시 달성해낸다."
"일을 반드시 완수하고, 실제로 성과를 창출해낸다."

이처럼 구성원에게 무관심하거나 차가워도 일을 제대로 해낸다면, 최소한 '성과를 내는 리더'로 구성원들에게 인정받을 수 있다. 리더십의 대가인 워렌 베니스(Warren Benis)는 리더는 '일을 제대로 해야 하고(do the things right)', '옳은 일을 해야 한다(do the right things)'고 말했다. 일을 제대로 하고 옳은 일을 하는 리더 밑에서 꾹 참고 일하다 보면, 업무를 제대로 수행하는 방법을 터득할 터다. 구성원을 존중하거나 배려하지는 않았지만, 조직이 나갈 방향성을 명확히 제시하고 일을 제대로 해냈던 스티브 잡스를 따르고자 했던 애플 구성원들처럼 말이다.

그런데 일을 제대로도, 올바르게도 못 하는데, 일만 챙기려드는 리더는 어떨까? 멍청하지만 부지런한 장교 스타일에 가깝다. 이런 리더의 강점을 묘사할 때 뭐라고 기술하겠는가. 아마도 이렇게 쓰지 않을까?

"주어진 일은 어쨌든 추진하려 한다, 그가 제시하는 방향성이 맞는 방향인지는 몰라도."

"구성원을 몰아붙이는 힘은 강하다. 그러나 그뿐이다."

A사에서는 리더의 강점이 '추진'이라는 키워드로만 점철될 때, 그는 '명부(명청하지만 부지런한 리더)'형에 가까웠다.

여러분의 회사는 어떠한가? 성격이 급해서 추진력이 강해 보이는 듯하지만, 실질적인 성과는 달성하지 못하고 구성원과 건설적인 관계를 형성하지도 못하는 리더를 어떻게 평가하는가?

3. 신뢰, 존중, 소통, 권한 위임

많은 사람이 '리더십' 하면 떠올리는 대표적인 키워드다. 신뢰, 존중, 소통, 권한 위임은 무수히 많은 리더십 도서에서 다뤄왔다. 여기서는 간략히 한 사례만 소개하려 한다.

상사와 부하 간에 신뢰와 존중은 어떻게 만들어질까? 주변 직장인들에게 물어봤다. 리더십은 '만인의 암묵적 이론'이기 때문에, 그 어떤 리더십 이론보다도 주변 사람들이 더 현명한 대답을 해주는 경우가 있다.

한 명은 이렇게 말했다. 신뢰와 존중은 상사뿐만 아니라 부하도 같이 해야 하는, 서로가 함께 노력하는 결과물이라고 말이다. 그러면서 자기 경험담을 들려주었다.

가을이 지나고 겨울로 돌입하는 어느 날이었다. 그날 상사가 유난히 추워하는 모습을 보였다. 다른 사람들보다 기온 변화에 민감하고, 추위를

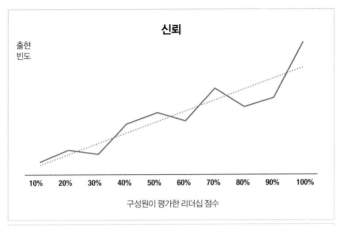

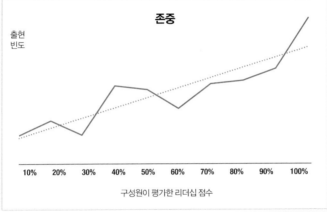

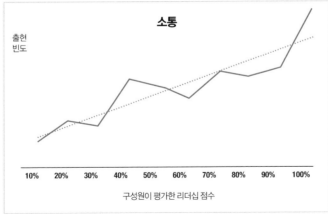

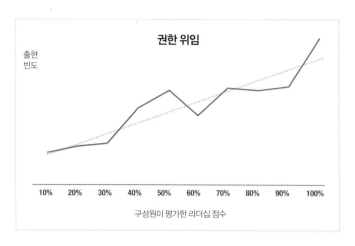

권한 위임

출현
빈도

10% 20% 30% 40% 50% 60% 70% 80% 90% 100%

구성원이 평가한 리더십 점수

〈키워드 트렌드 분석 결과〉

잘 타는 사람이었다. 회사는 중앙 난방식이라 온도 조절은 할 수 없었다. 그는 마침 엊그제 개인적으로 주문한 전기 라디에이터가 도착해 그 첫 개시를 상사에게 양보하였다.

"그룹장님, 오늘따라 엄청 추워하시는 듯한데, 마침 제가 라디에이터를 샀습니다. 이거 책상 밑에 넣고 있으면 따뜻하실 겁니다."

그러자 상사는 정말 고마워했다. 누군가에게 도움을 주는 일은 정말 기쁜 것 아니겠는가. 그 또한 마음이 뿌듯해졌다.

그런데 상사가 일주일이 지나도 돌려줄 생각을 안 하는 것처럼 보였다. '저도 이제 추우니 그만 돌려주세요'라고 말하기는 힘들었고 마음 한쪽 어딘가에서 '아, 라디에이터 뺏겼다'는 생각이 들었다고 한다.

어느 날, 날씨가 더 추워져 그날은 회사에서도 두꺼운 파카를 입고 있었다. 그리고 이튿날 더 좋은 모델의 라디에이터가 그의 이름 앞으로 배달되었다. 알고 보니, 상사가 지인에게 좀 더 비싼 제품을 선물한 것이었다. 상사는 "박 과장 덕분에 따스한 겨울을 날 수 있게 돼서 너무 고맙습니다. 답례품을 좀 더 빨리 사줬어야 했는데, 정신이 없었네요. 미안합니다"라고 말했다. 이 경험담을 들려주면서 그는 신뢰와 존중은 서로 노력해야 한다고 결론 냈다.

안리특,
안타까운 리더의 특성을 찾아서

구글은 2008년에 탁월한 리더들은 어떤 특성을 가졌는지를 밝히는 '산소 프로젝트'를 수행했다. 이를 통해 총 여덟 가지의 바람직한 행동을 도출하고, 그 기준을 토대로 리더를 평가하고 피드백한다.

그런데 어떤 리더에게는 그와 같은 바람직한 행동들이 무거운 짐으로 느껴질 수 있다. '여덟 가지나 되는 바람직한 특성을 어느 세월에 익히고 개발하느냐, 지금 당장 성과를 내기에도 바쁜데'라고 항변할지 모른다. 그런 이들에게는 '최소한 이 행동만큼은 하지 마십시오'라는 지침이 더 효과적일 수 있다.

리더들 누구나 수십여 년의 직장생활을 거쳐온 사람들이고, 누군가의 자녀이자 부모다. 겉으로 봐서는 별 차이가 없는데 왜 누군가는 최고로, 누군가는 최악이라고 평이 갈리는 걸까? 특히, 구성원들이 평가한 리더

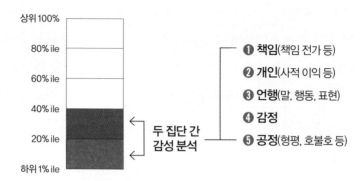

상위 100%

80% ile

60% ile

40% ile

20% ile

하위 1% ile

두 집단 간
감성 분석

❶ **책임**(책임 전가 등)

❷ **개인**(사적 이익 등)

❸ **언행**(말, 행동, 표현)

❹ **감정**

❺ **공정**(형평, 호불호 등)

〈안타까운 리더 특징의 감성 분석 결과〉

십 점수에서 바닥을 기는 이들은 왜 그런 걸까? 어떻게 하면 '최악'이라는 낙인에서 벗어날 수 있을지 그 방법을 찾아보고자 했다.

나는 이 프로젝트를 '안리특(안타까운 리더의 특성을 찾아서)'이라 명명하고 상사-동료-구성원이 리더를 평가한 다면 서베이 데이터를 활용했다. 구성원들이 '내 상사는 조직의 방향을 전략적으로 제시한다', '내 상사는 언행이 윤리적이다' 등의 문항에 5점 척도로 평가한 점수, 상사의 강점과 약점을 기술한 주관식 데이터도 사용하였다.

세계적인 리더십 사상가인 잭 젠거는 구성원이 5점 척도로 평가한 점수에서 하위 20%를 최악의 리더(worst leaders)로 규정하고[56] 그 하위 집단에 주목했다. 이들은 왜 구성원 평가 점수가 낮을까? 원인을 파악하려면 다른 집단과 비교하는 작업이 필요하다. 어느 집단과 비교해야만 할까? 모든 측면에서 차이가 날 터이기 때문에 탁월한 리더 집단과 비교하는 일은 무의미했다. 오히려 바로 직전 집단, 즉 하위 20~40퍼센타일 집단과의 차이를 보는 게 더 타당하다. 최악이라고 평가받는 일을 면하게 만드는 결정적인 특성을 도출할 수 있기 때문이다.

감성 분석(sentiment analytics)을 한 결과 최하위 집단에서 급격하게 증가하는 부정적인 표현이 나왔다. 감성 분석은 특정 키워드가 긍정적 또는 부정적으로 쓰였는지, 그 키워드가 리더십 평균 점수와 얼마나 관련 있는지를 살피는 방법이다.

예를 들어보자. 영화 〈명량〉은 한 포털에 총 6만여 건의 평가가 등록되어 있다. 대중이 올린 감상평인데, 어떤 이는 10점 만점을 주고 '모든 장면이 감동'이라고 썼다. 이 문장에서 '모든'은 관형사이고 '장면'과 '감동'은 명사다. '모든'과 '장면'은 중립적인 표현에 가깝지만 '감동'은 긍정적으로 사용된 단어다. 반면 어떤 이는 1점을 주고 '노잼'이라고 썼다. 노잼은 신조어로 심하게 재미없음을 의미한다. 6만여 건의 데이터를 가지고 '감동', '노잼'과 평점에 미치는 평균 영향력을 도출할 수 있다. 대략 '사람들이 감동 또는 노잼이라는 단어를 사용하면 영화 평점을 10점 만점에 몇 점으로 주는 추세가 있더라' 식의 분석이다.

이를 안리특 프로젝트로에 적용해보면, 구성원들이 어떤 키워드를 사용하면 리더십 평가 점수가 어찌되는지, 어떤 키워드가 최악의 리더(하위 20퍼센타일)로 평가되게 만드는 핵심 단어인지 밝힐 수 있다. 감성 분석을 시행한 결과, 최악의 리더로 평가받게 만드는 특성 5개가 나왔다. 그 특성을 요약하면 다음과 같다.

① **책임을 남에게 전가한다**: 최악의 리더로 전락하게 만드는 가장 부정적

인 행동이었다. 책임 의식이 전혀 없거나, 잘못을 부하에게 전가하면 구성원들이 리더로 인정하지 않았다.

② **개인 이익을 조직 이익보다 앞서 추구한다:** 개인 영달을 최우선으로 추구해 자기 이익 때문에 불합리한 의사결정을 내리거나, 개인의 명성을 드높이려 오히려 회사 일은 뒷전으로 젖혀두는 리더들이다.

③ **모욕적인 언사를 하고 말과 행동이 따로 논다:** 두 가지 부류로 하나는 독단적이고 고압적인 언사를 보이는 리더, 다른 하나는 언행일치가 되지 않는 리더다. 앞에서의 말과 뒤에서 하는 말이 다르고, 어제 했던 말과 오늘 하는 행동이 달랐다.

④ **감정적으로 업무에 임한다:** 감정 기복을 심하게 드러내 업무에 집중하는 분위기를 해쳤다. 또 의사결정을 감정적으로 하는 행동도 상당히 부정적인 결과를 냈다.

⑤ **개인 친분이나 선호가 심하게 드러난다:** 학연과 지연에 따라 인사 평가나 업무 배분이 달라지는 행동이다. 개인 친분과 선호로 특정 구성원을 편애하는 일도 부정적이었다.

최악의 리더가 보이는 특성을 파악했기에, 탁월한 리더는 아니더라도 좋은 리더가 되는 방법을 자연스럽게 찾아낼 수 있다. 좋은 리더가 되려면 책임을 남에게 전가하지 않으려 노력하고, 개인보다는 조직의 이익을 먼저 추구하고, 언행을 일치시키기 위해 최선을 다해야 한다. 또 감정적으로 판단하거나, 개인 친분이나 선호에 따라 의사결정을하지 않도록 유의해야 한다.

6장

:

탁월한 리더는 무엇이 다를까

The
Secret of
Highly
Successful
Leaders

탁월한 리더는
무엇이 다를까

탁월한 리더 특성을
왜 알아야 할까

지금까지 리더가 추구하거나 지양해야 할 태도와 행동을 살펴봤다. 몇 가지 시사점을 제공하지만, '그래서 탁월한 리더는 본질적으로 무엇이 다른가?'라는 질문에는 계속 겉도는 답만 보여주는 듯하다.

방향성과 전략을 제대로 제시할 수 있어야 한다, 구성원을 배려하고 존중하며 소통해야 한다, 추진력만 좋아서는 안 되고 책임을 전가하지 말아야 한다 등은 데이터로 분석하지 않아도 사람들이 이미 정언명령처럼 여긴다. 해저 2만 리 바닥을 긁듯이, 본질적인 차이점을 샅샅이 고찰해볼 수는 없을까?

그전에 이 질문부터 짚고 넘어가자. 왜 탁월한 리더의 특성을 알아야 할까? 그 특성을 알아서 무얼 하자는 걸까? 내가 '탁리특 프로젝트', 즉 탁월한 리더 특성 연구 프로젝트를 한 배경부터 이야기해볼까 한다. 두 가지 이유가 있었다.

첫째는 탁월성을 동경했기 때문이다. 나는 소위 말하는 스티브 잡스 빠돌이, 완전 팬이다. 그가 2007년도에 아이폰을 처음으로 세상에 내놓았을 때, 전율을 느꼈다. 세상과 소통하는 방식을 완전히 바꿔놓은 물건을 그렇게 멋들어지게 프레젠테이션하다니. 그가 마지막 숨을 놓았을 때, 애플닷컴에 올라온 'Steve Jobs Farewell' 사진을 보면서 가슴 아파했다.

전기 작가인 월터 아이작슨(Walter Isaacson)이 인터뷰해 저술한 그의 일대기 《스티브 잡스》는 1,000페이지가 넘어가는 책인데도 세 번이나 정독했다. 그를 모델로 한 영화도 모두 봤고, 함께 일했던 애플 최고 디자인 책임자 조너선 아이브(Jonathan Ive), 마케팅을 한 크리에이티브 디렉터 켄 시걸(Ken Segall)의 책도 즐겨 읽었다.

왜 그리 스티브 잡스를 좋아하느냐고? 그가 폭주하는 기관차처럼, 높은 언덕을 올라갔다가 급격히 떨어지는 청룡열차처럼, 격정적인 사연이 있는 리더이기 때문이다. 또 그는 세상에 없던 새로운 장르를 만들어내는 리더였다. 일하는 방식, 음악을 사서 소비하는 채널, 소통하는 방법을 바꾸어놓았다. 세상에 없었던 가치를 어떻게 그리 만들어낼 수 있었을까? 그는 어떻게 세상을 볼까? 그가 사고하는 방식은 어떨까?

서강대학교 철학과 최진석 교수는 저서 《탁월한 시선의 사유》에서 우리나라가 선진국으로 진입하기 위해서는 새로운 장르를 만들어낼 수 있어야 한다고 지적하였다. 이 주장에 나도 깊이 공감한다. 자원이 매우 부족한 나라에서 후손에게 남겨줄 수 있는 것은 무엇일까? 새로운 장르, 그 장르를 창조해내는 힘이다. 그러려면 곳곳에서 리더들이 조향을 잘하면서 이끌고 나가는 역량이 중요하다.

탁월한 차이를 만들어내는 기본 특성들을 알아내면, 그리고 장기간에
걸쳐 변화를 유도하면, 우리나라에 우수한 리더들이 다양한 꽃을 피워내
지 않을까? 마치 세종대왕께서 훈민정음을 반포하면서 백성이 책을 읽고
이치를 깨달으면 효자, 효녀, 충신이 많아질 거라고 말씀하신 것처럼 말
이다. 우리나라 국민이 리더십의 이치를 알면 탁월한 리더가 많아지고 우
리나라가 융성하게 일어나지 않을까.

두 번째는 혼란 때문이었다. 탁월한 리더가 보이는 특성에 대해 아주
많은 이야기가 있다. 1990년대 다니엘 골먼(Daniel Goleman)은 탁월한
리더들은 감성지능(emotional intelligence)이 높다고 주장했다.[57] 감성지
능은 주변 사람이 어떤 감정을 느끼는지 세심하게 살피고, 그에 적절하게
대응하고 행동하는 성향이다.

2000년 초 펜실베이니아 대학교 심리학부의 마틴 셀리그만(Martin
Seligman)은 긍정심리학을 주창했다.[58] 심리학회 회장이었던 그는 기존
심리학이 지나치게 삶을 불행하게 만드는 심리 상태인 정신질환 치료에
만 집중해왔다고 비판하였다. 심리학은 인간의 행복과 삶의 질을 향상시
키기 위해 연구하는데, 오히려 불행과 어둠만 파고들었다고 말이다. 이후
긍정심리학이 폭발적으로 주목을 받고, 미국에서는 100여 개 대학에서
정식으로 강좌가 열렸다.

이어서 네브래스카 링컨 대학교의 프레드 루선스(Fred Luthans) 교수는
긍정심리자본(positive psychological capital)이라는 개념을 제시한다.[59] 자

신의 업에서 자신감이 강할수록(자기효능감), 자신이 추구하는 목표들이 성공적으로 달성될 것으로 믿을수록(희망), 실패를 겪어도 빠르게 회복할수록(복원력), 난관에 직면해도 절망하지 않고 앞으로 좋아질 것이라고 믿을수록(낙관주의) 우수한 인재가 된다고 본 개념이다. 루선스와 동료들은 긍정심리자본이 높을수록 효과적인 리더십을 발휘해서 구성원들에게 긍정적인 영향을 미치고, 성과가 좋아진다는 연구 결과들을 발표했다.

최근에는 학습민첩성(learning agility)이 주목을 받는다.[60] VUCA 시대, 즉 변동성이 심하고(volatile), 매우 불확실하며(uncertainty), 복잡하고(complexity), 모호한(ambiguity) 환경이기에 과거에 알던 지식이 더는 통용되지 않는다. 어제는 효과적이었던 해법이 오늘은 엇박자를 만들고, 내일에는 큰 손해를 부르는 시대가 되었다. 매사에 호기심과 탐구심을 가지고 새로운 지식과 기술을 개방적으로 빠르게 익히는 사람이 그렇지 못한 사람들보다 더 효율적인 환경이다. 그렇기에 최근 일군의 학자들과 컨설턴트들은 리더가 갖추어야 할 자질로 학습민첩성을 꼽는다.

세계적인 임원 헤드헌터 회사 이곤젠더(Egon Zhender)의 클라우디오 페르난데즈 아라오즈(Claudio Fernández-Aráoz)는 〈하버드 비즈니스 리뷰〉에 몇 편의 글을 썼고, 《어떻게 최고의 인재를 얻는가》, 《기업을 키우는 인사 결정의 기술》 등을 출간했다. 또 GE 그룹의 전 회장, 잭 웰치(Jack Welch)의 친구이기도 한데 그가 2014년에 내한하여 잭 웰치와 있었던 일화를 이야기했다.

어느 날, 잭 웰치 부부를 초대하여 저녁을 먹기로 하였다. 주변의 젊은 사업가 친구에게 이 이야기를 했더니, 자기도 초대해줄 수 없냐고 간절히 부탁해 그 친구도 불렀다. 이 친구는 잭 웰치를 만나면 이런저런 조언을 받을 수 있을 거라 기대하면서 신이 났다.

드디어 잭 웰치 부부와 저녁을 먹게 되었다. 그런데 잭 웰치가 이 젊은 친구의 사업에 대해 계속 물었다. 호기심에 가득 찬 눈으로 저녁 내내 질문을 했기에 젊은 친구는 자기 사업 얘기만 하다가 모임이 끝났다고 한다. 결국 젊은 친구는 아쉬움만 느끼고 돌아가야 했다. 이 이야기를 언급하면서 아라오즈는 탁월한 경영자일수록 호기심이 강하고 학습민첩성이 있다고 강조하였다.

이처럼 '탁월한 리더에게는 ○○○이 있다'라는 기사나 책을 많이 접한다. 성장 욕구, 야망이 있더라, 경청을 잘하더라, 구성원과 공감을 잘하더라 등등이다. 최근에는 앤절라 더크워스(Angela Duckworth)의 '그릿(grit)'이 또 주목을 받고 있다.[61] 열정적 끈기가 있는 사람이 결국에는 성공하더라는 주장이다. 이들 말대로라면, 탁월한 리더가 되기 위해서는 갖추어야 할 특성이 지나치게 많다. 어찌나 많은지 이제는 혼란스럽다. 리더십에 대한 정의가 매우 다양한 것처럼, 차이를 만들어내는 탁월한 특성들도 많다.

나도 탁월한 리더가 되려면 도대체 스스로 무엇을 배양하고 개발해야 하는지, 근원적인 능력을 알 수 없었다. 그래서 내가 직접 탁월한 리더들의 본질적인 특성을 찾아보고 싶었다.

탁리특 분석을 위해 10만 건의 자료를 모으다

지금부터 하려는 이야기는 조금 어려울 수 있다. 탁리특 프로젝트를 위해 어떤 데이터를 어떻게 모으고 분석했는지 설명해야 하기 때문이다. 데이터 분석은 결과도 중요하지만, 과정이 더 중요하다. '과정적 타당성'이 있어야 하기 때문이다. 연구하는 과정이 타당하고 과학적이어야 그 결과물도 신뢰할 수 있다는 말이다. 그래서 비교적 자세하게 설명하려 하지만, 한편으로는 너무 어렵지 않게 조절을 하려 한다.

여러 기업에서 관리자 2,000여 명의 리더십 등을 상사·동료·구성원이 평가한 약 10만 건의 자료를 모았다. 직접 측정하여 획득한 데이터가 있고 또 사람 데이터 분석(people analytics) 전문가로서 여러 기업에 종사하는 실무자들을 도와주면서 얻은 데이터도 적지 않다.

이를 개인정보인 성명과 생년월일과 같은 변수들을 제외하고 강력한 보안 시스템으로 일반 컴퓨터에서는 데이터를 열 수조차 없는 환경에서 분석하였다.

데이터의 내용을 보자. 가장 기본이 되는 항목은 인구통계 변수라 부르는 나이, 성별, 최종학력, 전공 등이다. 그다음이 리더십 수준을 측정한 결과로 다양한 기업의 구성원이 상사를 여러 각도로 평가한 자료다. 전략적으로 사고하고 판단하는 역량, 목표를 세우고 실행하는 역량, 구성원을 동기부여하고 서로 협업하게 하는 조직관리 역량, 자기관리 역량 등을 평가한 결과물이다.

성격 자료도 입수하였다. 성격을 데이터로 만들 수 있을까? 요즘은 두 가지 방식을 사용한다.

하나는 빅데이터와 머신러닝 기술의 발달로 자기소개서나 소셜 미디어(블로그, 트위터 등)에 올린 글을 분석하여 개인의 성격을 추정하는 방식이다.

IBM 왓슨은 인공지능 컴퓨터로 가장 유명한데, 최근 한국어 서비스를 개시하였다. 왓슨 컴퓨터는 개인이 쓴 글을 분석하여 성격을 추정하는 성향 분석(Watson Personality Insight)이 가능하다. 불과 몇 년 전만 하더라도 전혀 생각지 못한 기술이다. 탁리특 프로젝트를 위해서 이 방법을 검토했지만, 아직은 성격 추정 정확도가 그리 높지 않아서 결국 제외했다.

다른 하나는 전통적 방식으로 성격 검사 도구를 활용해 개인을 진단하는 방식이다. 널리 알려진 성격 검사 도구로는 MBTI, DISC, 성격 5요인, 호간 검사가 있다. 심리학 연구자들이 가장 신뢰하는 도구는 성격 5요인(big five personality)이다.[62] 탁리특 프로젝트를 위해 학문적으로 공신력이 가장 높은 성격 5요인 도구를 활용하였다. 이 검사는 성실성, 외향성, 친화성, 정서적 안정성, 경험에 대한 개방성의 총 5개 대요인으로 성격을 측정한다. 리더가 약 300문항을 읽으면서 각 문항이 얼마나 자신을 잘 묘사하는지를 5점 척도로 응답하는데, 걸리는 시간은 개인별로 다르지만 30분 내외다.

개인별로 경험 축적 데이터도 모았다. 언제 사회생활을 시작했는지, 언제 승진했는지, 그동안 수행한 주요 프로젝트와 역할을 주관식으로 입력하고 다른 사람들과 비교할 수 있도록 열 가지 문항으로 경험의 양을 측정하였다. 학문적으로 사용하는 문항으로,[63] '생소한 부서를 관리하는 책임을 맡았던 적이 있다', '비즈니스가 심각하게 정체되거나 사업 성과가 저조한 부서/사업부를 맡았던 적이 있다', '구성원의 역량이 부족하거나, 성과가 나지 않는 구성원들을 관리한 경험이 있다' 등이다.

조직 풍토(organizational climate) 진단 결과도 모았다. 구성원이 관찰한 우리 조직의 특성을 평가한 데이터다. 대표적인 문항으로 '우리 조직은 의사결정이 신속하다', '의사소통이 원활하다', '부서 간에 협업이 잘 이루어진다' 등이다. 학문에서는 종종 리더십이 조직 풍토에 영향을 미치는 관계로 가정한다.[64] 풍토는 리더십의 산출물이기에, 탁리특 프로젝트에서 빠질 수 없는 데이터다.

성과 평가 데이터도 빼놓을 수 없다. 오늘날 많은 기업이 핵심성과지표(KPI; Key Performance Index)를 활용한다. 달성률을 100점 만점으로 관리하는 곳이 많은데, 이 데이터도 수집하였다. 아울러 CEO나 경영진이 리더 개인별로 평가를 한 데이터도 포함하였다. 해당 연도 업적 수준, 개인별 역량 수준을 S-A-B-C-D로 평가한 값이다.

마지막으로 개인별 경력, 비전, 취미, 고민 사항을 기록한 데이터도 입수하였다. 이들은 주관식 서식에 리더가 직접 작성한 데이터다.

데이터 탐색적 방식으로
탁리특을 분석하다

빅데이터 분석에는 두 가지 접근법이 있다.

하나는 가설 의존 방식이다.[65] 연구자가 먼저 가설을 가지고 데이터를 분석한다. 앞서 언급한 구글 사례를 다시 보자. 2007년에 '사람과 혁신 연구소'는 가설 하나를 세우고 연구에 돌입했다.[66] '관리자의 리더십은 팀 성과에 아무 영향을 미치지 않는다'라는 가설이었다. 주로 심리학, 사회학, 경영학 계열의 연구가 이런 접근을 취한다.

다른 하나는 데이터 탐색적 방식이다. 가설이 전혀 없는 상태에서 '데이터는 도대체 무엇을 말해주는가?'라는 태도로 분석한다. 분석 결과를 토대로 의미를 나중에 역으로 추론하는 방식이다.

앤절라 더크워스는 미국 웨스트포인트 사관생도들을 관찰하면서 끈기와 근성이 강한 학생이 성공한다고 믿었다.[67] 그녀는 "끝까지 포기하지 않는 그릿(grit)이 높은 학생들이 중도에 탈락하지 않고 학업을 성공적으로 마칠 것이다"라는 가설을 세웠다. 학생들의 그릿 수준을 측정하고, 몇 년 후 그들의 졸업 여부를 분석했는데 이는 가설 의존 방식이다. 그녀에게 아무 가설이 없고 웨스트포인트를 졸업한 학생들과 중도에 탈락한 학생들의 차이가 무엇인지 데이터를 살피는 접근을 취했다면, 이는 데이터 탐색적 방식이다.

둘 중 무엇이 더 좋을까? 일장일단이 있다. 가설 의존 방식은 철저히 이론으로 무장되어 있어 그 가설이 옳다고 입증할 개념적인 논거들을 끌어모은다. 기존에 시행된 연구 중에서 가설과 직간접적으로 연관이 있는 연구들을 검토하여 실제적인 증거도 찾는다. 그리고 현상에서 수집한 데이터가 그 가설을 지지하는지 기각하는지를 살핀다.

그런데 이 방식은 분석 결과가 인간의 직관을 벗어나기 어려운 경우가 많다. 분석가는 본인이 지금껏 관찰해온 바를 토대로 가설을 만들거나 직관에 기반을 두어 가설을 세우는데 그러다 보니 가설 자체가 남들도 이미 아는 암묵지일 수 있다. 가설이 맞는지 데이터를 입수하고 분석하여 결과를 제시하면 백이면 백, 이런 말을 들을 것이다. "뻔한 소리 하고 앉았네", "이미 다 아는 일인데 왜 그리 분석질을 하냐"라고.

예로 '사교적인 사람이 영업 직군에서 더 높은 성과를 낼 것이다'라는 가설을 생각해보자. 아직 진짜로 그러한지 데이터로 검증은 하지 않았지만, 이는 직장인이라면 누구나 직감적으로 생각하는 바다. 영업은 다양한 사람을 만나 마음을 사야 하므로, 당연히 사교적이고 활발한 사람이 더 잘 역할을 수행하리라고 추론한다.

내가 진짜로 그런지 객관적으로 확인해보고 싶어서, 그와 같은 가설을 만들고 이를 지지하는 이론들을 끌어모아 탄탄한 논리를 세웠다고 하자. 자료를 수집하여 분석하고, 그 결과를 경영층에게 보고하면 어떤 반응을 할까? "이미 아는 일인데, 굳이 번거롭게 데이터까지 입수해서 검증하려 했냐"는 반응이 대부분이다.

사람 데이터 분석을 하면서 이런 일들을 비일비재하게 겪었다. 경영층은 '아이 오프닝(eye-opening), 즉 깜짝 놀랄 만한 결과는 없냐'고 되물었다.

그 누구도 생각하지 못해서 깜짝 놀랄 만한 결과가 나오려면 기존의 직관을 완전히 뒤엎는 반대 결과가 나오거나 직관의 영역 밖에 있는 결과물이어야 한다. '역량이 높은 사람이 오히려 성과가 낮더라!', '조직에 불만이 많은 투덜이가 업무 성과가 더 높더라!', '우수한 CEO의 리더십은 오히려 기업 성과에 안 좋은 영향을 미치더라!'이거나 "와! 한 번도 생각해보지 못한 일인데, 정말 신기하다"여야 한다는 말이다.

이 책의 프롤로그에서 탁월한 리더는 취미로 역사를 공부한다는 응답이 다른 집단에 비해 5배나 많이 출현한 결과를 살펴봤다. 이는 특정 가설을 세우고 분석하지 않고 그냥 취미 데이터가 있으니 탁월한 리더 집단이 다른 집단에 비해 차이가 있을까, 데이터는 무얼 말해줄까 하는 생각으로 분석한 결과다.

한 중견기업은 대학 졸업자 공개채용 데이터를 분석했다. 이들은 가설을 가지고 분석을 했다(가설 의존 방식). 한편으로는, 입사 후 고성과자와 저성과자 간에 어떤 차이가 있는지, 데이터가 무엇을 말해주는지 살펴보기도 했다(데이터 탐색적 방식). 후자 방식으로 분석해보니, 그 누구도 생각지 못한 결과가 나왔다.

첫째, 네이버 이메일보다 구글의 지메일을 사용하는 지원자의 성과 수준이 더 높게 나타났다. 즉 @naver.com을 도메인으로 사용하는 사람보다 @gmail.com을 사용한 지원자가 입사 후 성과가 높았다는 의미다.

둘째, 이메일 주소의 문자 길이가 길수록 고성과자가 많았다. 'hello'라는 아이디보다 'helltotheworld'라는 아이디를 사용하는 지원자가 입사 후에 고성과자일 가능성이 컸다는 결과다.

가설 의존 방식이 '맞냐 틀리냐?'라고 묻는 폐쇄형 질문이라면, 데이터 탐색적 방식은 '차이가 난다면 그것은 무엇인가?'라고 묻는 개방형 질문 같다. 직관을 바탕으로 가설을 세우지 않고 데이터는 무얼 말해주나를 살피기에, 때때로 흥미로운 결과가 나올 가능성이 있다.

이처럼 데이터 탐색적 방식은 장점이 있지만, 조심해야 할 점도 있다. 데이터를 분석한 결과 자체로 받아들여서는 안 된다는 점이다. 큰 덩어리의 데이터를 조목조목 몇몇 집단으로 구분해서 비교해보면 어딘가는 차이가 나기 마련이다. 데이터가 클수록 실제로는 관계가 없는데도 상관성이 존재하는 것처럼 보이기도 한다. 데이터가 말해주는 바는 흥미롭지만, 이를 현실에 적용하는 일에서는 조심할 필요가 있다.

앞의 분석 결과를 다시 보자. 지메일을 사용하면서 아이디 글자가 긴 지원자를 중점적으로 뽑아야 할까? 그럴 수 없다. 왜 그와 같은 현상이 일어나는지에 대한 이론이나 논리가 없다. 정말로 우연히 그런 차이가 날 수도 있는 법이다.

도시의 데이터를 분석하다 보면 지역 종교 기관 건물 수, 범죄 건수 간에 상관이 나오기도 한다. 즉 종교 건물이 많으면 범죄 건수도 많고, 반대면 범죄 수도 적다. 이를 인과적으로 해석하면 어떨까? 종교 건물이 많아지면 범죄가 증가한다, 그러니 범죄를 억제하려면 종교 건물을 줄여야 한다는 결론이 난다. 이런 결론은 논리적으로 전혀 맞지 않다. 이처럼 사전에 이론 고찰 없이 데이터만 분석하는 방식은 시사점을 해석할 때 조심할 필요가 있다.

탁리특 프로젝트는 데이터 탐색적 방식으로 접근했다. 그동안 리더십을 실무적으로 오래 고민해왔다. 리더의 성격과 가치관을 진단하고, 리더십 역량을 평가하고, 그들이 담당하는 조직의 문화를 측정하고, 이를 토대로 리더십을 실질적으로 개발하는 일에 노력을 기울여왔다. 리더십 연구자들로부터 지난 수십 년간의 위대한 연구 유산도 물려받았다. 조직 내에서 다양한 리더를 관찰하면서 쌓은 직관 역시 적지 않다.

이를 토대로 가설을 만들고 분석하면 과학적일 테지만, 한편으로는 또 뻔한 이야기가 나올 게 분명했다. 어쩌면 가설을 가지고 분석하는 일 자체가 닫힌 시야로 데이터를 들여다보는 것처럼 느껴졌다. 리더십 연구자로서 내가 가진 지식, 주관, 편향을 모두 배제하고 '그래서 데이터는 무엇을 말해주는가'를 살펴보고 싶었다. 단, 데이터 탐색적 방식의 맹점을 최대한 유의하면서 말이다.

탁리특 변수를
11개로 집약하다

우리의 관심사는 탁월한 리더가 일반 리더에 비해 어떤 차이가 나는지 살피는 것인데 탁월한 리더 한 명만 놓고 비교한다면 당연히 분석 결과를 신뢰하기 어렵다. 스티브 잡스 한 명의 특성을 다른 리더들과 비교하는 일은 이치에 맞지 않는다는 말이다. 따라서 탁월한 리더들을 모아서 하나의 '집단'으로 상정하고, 일반 리더 집단과 어떤 차이가 있는지를 봐야 한다.

탁리특 분석을 위해 수집한 변수가 워낙 방대해 서로 유사한 변수들끼리 묶어서 대표 요인으로 축약하는 일이 필요했다. 데이터에 담긴 정보를 최대한 훼손시키지 않는 범위 내에서 요약하는 일이다.

성격, 경험, 리더십 역량 등 탁월한 리더의 '자질'을 측정한 문항만 해도 600개가 넘었다. 엑셀 프로그램으로 따지면 열이 600개 이상 펼쳐진 데이터다. 서로 유사한 변수들끼리 묶으니 총 11개의 요인으로 집약되었다. 이들 요인 하나하나를 살펴보니 기업에서 리더를 관찰하고 파악할 큰 프레임이 도출되었다. 각각의 요인을 이해하기 쉬운 질문으로 바꾸어서 소개하면 옆 페이지 상단의 표와 같다.

리더의 승진과 배치는 깊이 고민해야 하는 문제다. 리더가 단기적으로 조직 성과에, 장기적으로 조직 생존에 상당한 영향을 미치기 때문이다.

우리나라 기업은 대부분 연말 또는 연초에 임원과 팀장 인사를 발표한다. 구성원들은 자신이 존경하는 리더가 승진하거나 영전하면 함께 기뻐한다. 반면, 사내 소문이 좋지 못하거나, 악질이라 정평이 난 리더가 승승장구하는 모습을 보면 조직에 크게 실망한다. 특히 평소에 존경받았던 리더는 낙마하고, 악질인 리더가 더 잘나가는 듯 보이면 구성원들은 혼란에 빠진다. 승진 결정은 CEO가 하는 매우 상징적인 행위다. 기업이 어떤 가치를 중시하는지, 어떤 리더상을 추구하는지 극명하게 보여주는 공식적

1. 우리는 어디로 가야 하느냐는 질문에 자신만의 명확한 관점을 가졌는가?
2. 회사가 지향해야 하는 방향을 구성원에게 설득하고, 고무시킬 수 있는가?
3. 의사결정을 신속하게 하고 일을 끝까지 책임 있게 완수하는가?
4. 리스크가 있더라도 이를 적극적으로 감수하고 과감하게 도전하는가?
5. 새로운 아이디어·생각·가치에 개방적이며, 변화에 유연하게 대처하는가?
6. 사람을 진정한 마음으로, 솔직하고 진솔하게 대하는가?
7. 다른 사람의 느낌·감정을 기민하게 파악하고, 적절하게 대응하는가?
8. 리더로서 다양한 경험들을 겪고, 이를 자산화할 수 있는가?
9. 한두 분야에 구성원이 인정할 정도로 전문성을 갖췄는가?
10. 윤리적이고 공명정대하며, 자신이 속한 조직에 애정을 품고 있는가?
11. 글로벌 맥락에서 자신의 업을 조망해볼 수 있는가?

인 선언이기 때문이다.

지금은 여러 부침을 겪지만, 지난 100여 년간 최우수 기업으로 선망의 대상이 되어왔던 GE 그룹은 2017년에 새로운 회장을 선임했다. 그 직후 GE 인적자원부서 최고 수장인 수잔 피터스(Susan Peters)는 링크드인에 선임 과정에 대해 심도 있는 글을 남겼다.[68] 홍보실과 같이 합을 맞추어 쓴 글인 듯했다.

수잔 피터스는 후임 회장을 선정하기 위해 지난 6년간 치밀하게 준비해왔다고 밝혔다. 2012년에 GE 그룹 회장에게 요구되는 자질과 직무기술서 초안을 작성했고 미래 시대에는 어떤 리더십이 요구되는지를 연구했다. 100여 명의 탁월한 리더를 선정하고, 그들이 어떻게 성공했는지를 분석한 다음 그에 맞는 후보자를 내부뿐만 아니라 외부에서도 폭넓게 탐색했다.

GE 이사회는 여러 번의 회의를 거쳐서 외부 영입은 부적절하다고 판단하고 GE 내부에서 승계자를 선택하는 방향으로 가닥을 잡았다. GE 이사회 위원들과 수잔 피터스는 내부 후보자들을 가리고 가려서 근 한 달 동안 인터뷰했다. CEO 역할이 무엇이라고 생각하는지, GE 그룹이 어떤 비전을 그려야 하는지 후보자들의 생각을 주의 깊게 경청하였다. 이사회는 상당히 도전적인 질문을 던졌는데, 그 중 몇 가지를 아래에 인용해본다.

이 질문 면면을 보면, GE 그룹이 고심한 흔적들이 많이 묻어난다. 독자 여러분도 조직에서 리더를 검증하고 평가하는 기준을 다시 한 번 생각해보기 바란다. 현재 그 기준을 설정하거나 인사 결정을 하는 위치에 있다면, 심사숙고하고 오랜 정련 과정을 거쳐서 명확하게 기준을 세워볼 수

- 격렬한 경쟁환경에서 GE가 승리하기 위해 당신은 GE를 어떻게 포지셔닝하려 하는가?
- 자본 배분이나 포트폴리오 관리를 포함하여 당신이 추진하고 싶은 전략적 변화는 무엇인가?
- GE의 조직문화 측면에서 앞으로도 계속 유지해야 할 긍정적인 요소들은 무엇이며, 변화를 위해 무엇을 계획하고 있는가?
- 어떤 경험들(업무 관련 경험 또는 개인적인 경험)이 글로벌 관점을 형성하는 데 도움이 되었는가?
- 지금까지 받은 피드백 중에 개인적으로 가장 힘들었던 내용은 무엇인가?
- 당신은 어떻게 배우고 학습하는가?

있다. 그런 권한이 없다면, 앞으로 그런 위치에 올랐을 때를 상정하고 고민해보면 좋겠다.

특히 현재 소속된 조직에서 관찰해왔던 불합리한 기준과 결정을 생각하면서, 우리 회사에서 리더가 갖추어야 할 자질이 무엇인지를 곰곰이 생각해보길 바란다.

리더를 5개 유형으로
나누다

그다음으로는 군집분석을 시행했다. 이는 앞에서 도출한 11개 요인을 토대로 특성이 유사한 사람들끼리 집단을 만들어내는 기법이다.

예를 들어, 운동장에 1,000명의 사람이 있다고 해보자. '안경 쓴 사람'은 오른쪽으로 '쓰지 않은 사람'은 왼쪽으로 헤쳐 모이도록 지시하면 2개의 집단으로 구분된다. 안경 착용 여부로 동질적인 집단으로 구분한 결과다.

11개 요인을 토대로 군집분석을 시행했더니, 총 13개의 리더 유형이 도출되었다. 앞에서도 말했듯이 손무는 장수를 덕장, 지장, 용장으로 유형화했다. 독일 장군 에리히 폰 만슈타인(Erich von Manstein)은 똑부, 똑게, 멍부, 멍게 장교로 구분했다. 그와 같은 유형이 총 13개 나온 거라고 보면 이해가 빠르겠다. 그런데 13개 집단은 너무 많다. 각 집단의 특성이 어떤지 정의 내리기도 만만치 않다. 오로지 탁월한 리더 집단이 다른 집단에 비해 어떤 차이가 있는지 보는 일에 초점이 맞춰져 있으므로, 집단 유형을 좀 더 줄일 필요가 있다.

빅데이터 분석 도구인 'R'을 활용해서 집단 유형을 합리적으로 줄여, 총 5개를 도출했다. 각 패턴을 보면서 이름만 보아도 어떤 스타일인지 직관적으로 이해하도록 이름을 붙여 아래에 정리해두었다. 아마도 그동안 겪은 전형적인 상사 유형과 유사할 듯하다.

나는 성격을 '토양'이라는 메타포로 부르기도 한다. 내 전문성 중의 하나가 성격을 진단하고, 그 결과를 해석하여 기술하는 일이다. 다양한 리더의 성격 프로파일을 보면 참 흥미롭다. 리더로서 아름다운 꽃이 필 토양을 가진 사람도 있고 아닌 사람도 있기 때문이다. 5개 유형 중 리더로서 타고난 성격이 좋았던 유형은 무엇일까?

유형	설명
탁월형	자질과 역량이 전반적으로 균형 잡힌, 높은 리더십 수준을 갖춘 리더
배려·화합형	사람에 대한 진솔한 고민을 바탕으로, 사람과 조직관리 역량이 우수한 리더
지시·실무형	업무 추진과 의사결정 과정에서 깊이 관여하며, 실행 완결성을 극도로 추구하는 리더
보편·무난형	기질적으로 좋은 리더가 될 잠재력은 보유했으나, 무난한 리더십을 발휘하는 리더
부족형	리더의 자질과 역량이 상대적으로 낮은 유형

〈리더 유형 도출을 위한 군집 분석 결과〉

예를 들어, 어떤 사람은 유비무환의 자세로 앞날을 예상하고 변화에 대비하려는 성격을 가졌는데, 이들은 일반적으로 전략적 사고 역량이 발달하는 경향이 있다. 어떤 사람은 남들이 꺼리는 일도 직접 나서서 해결해야만 직성이 풀리는 특성을 가졌는데, 이들은 추진력이나 목표 달성 역량이 높다. 주변 사람을 신뢰하고, 배려하고, 따스하게 대하는 기질을 가진 이들도 있다. 이들은 대인관계 역량, 동기부여 역량이란 꽃을 피워낸다.

그런데 토양이 좋지 않은데도 아리따운 꽃을 피운 리더들이 있다. 사람을 대하는 측면의 성격들(신뢰, 배려, 애정, 이타성)이 그리 좋지 않은데도, 주변인들에게 긍정적인 평을 받는다. 사람들에게 별로 인간적인 관심이 없고, 공감하지 못하고, 따스한 말 한마디 못하는 성향인데도, 구성원은 그 리더를 신뢰하고 따르고 의지한다. 구성원에게 동기를 부여하는 역량도 좋다. 대체 어떻게 해서 이들은 좋지 않은 토양 위에 그와 같은 꽃을 피울 수 있었을까?

데이터를 분석해보니 두 가지 지렛대가 있었다. 일단, 다른 기질이 보완해준다. 자기 인식(self-awareness), 즉 자신을 객관적으로 관찰하여 강약점을 명확히 파악하려는 성향이 있다. 기질적으로 자기 인식이 높은 사람은 리더로서 부족한 점이 무엇인지 항상 반추하는 습관을 가졌다. 이들은 구성원과 함께 일하는 과정에서 지속적이고 반복적으로 자기 태도와 행동을 돌아보고 상황에 적합한 언행을 하려고 노력한다.

어느 기업의 대표가 밝힌 실수담이다. 어느 주말, 여자 구성원 한 명에게서 전화가 왔다. 그 구성원은 "대표님, 저 셋째를 임신했어요!"라고 밝혔다. 대표는 그 말에 다짜고짜 이렇게 응답했다고 한다. "셋째라고요? 아이를 꼭 낳아야 하나요? 지금 회사가 정신없이 돌아가고 있는데 업무는 어쩌시려고요."

그 구성원은 무척이나 서운해했다고 한다. 대표는 그날 밤 잠자리에 들기 전에 왜 그 결정적인 순간에 그렇게 말했는지 죄책감이 들어 후회했다고 한다. 이처럼 기질적으로 좋은 토양은 아닐 수 있지만, 본인의 언행을 계속 점검하고 노력하는 이들은 탁월한 리더로 지속 성장해나간다.

두 번째 지렛대는 '가치관(personal values)'이다. 이는 좋지 못한 토양에 비료를 주는 일과 같다. 여러분은 '인생에서 중요하다고 믿는 가치들이 무엇인가?'라는 질문에 어떻게 답하겠는가. 돈을 중시하는가, 승진과 성공을 중시하는가, 아니면 행복을 중시하는가, 새로운 지식과 경험이 중요하다고 믿는가. 이에 대한 대답의 총체가 가치관이다. 가지고 태어난 토양은 좋지 않더라도 후천적으로 형성된 가치관이 좋은 리더로 정진케 만든다. 기질적으로는 매사에 소극적이라 나서길 싫어하는 사람이지만 '리더라면 주도적으로 솔선수범하는 일이 중요하다'라고 믿는다면 그가 어떠한 리더십 행동을 보일지 생각해보라.

다시 본론으로 돌아가 보자. 그래서 토양이 가장 좋은 유형은 무엇이었을까? 탁월한 리더 집단이었을까? 아니었다. 탁월한 리더 집단은 토양이 평균보다 조금 나은 수준이었다. 내 데이터에서는 보편·무난형이 가장 좋았다. 다소 의외였다. 보편·무난형 집단은 기본적으로 사람을 신뢰하고, 사람들과 자주 교감하는 스타일이었으며, 주변 환경 변화에 신속하게 적응하는 기질을 가졌다. 이처럼 리더로서 역할을 수행하기에 좋은 자질은 갖추었지만, 그것이 실전적인 역량으로는 발전하지 못하였다. 내가 데이터를 축적한 시점까지만 해도 말이다.

보편·무난형의 토양이 탁월한 리더 집단에 비해 더 좋았다는 결과는 무엇을 시사할까? 주변을 둘러보면 탁월한 리더는 타고난 기질과 자질이 우수해야 한다고 믿는 사람이 많다. 그런데 내 데이터에서는 그 속설을 지지하지 않았다.

반면 기질적으로 가장 불리한 집단은 지시·실무형으로 변화에 기민하게 적응하는 성향도, 주변 사람들과 원활하게 상호작용하는 성향도 아니었다. 두 가지 두드러지게 높은 성격 특성은 꼼꼼함(attention to detail)과 미세 관리(micro-managing)였다. 전자는 큰 그림을 보기보다 매우 세밀한 사항에 주의가 집중되는 성향을 말한다. 후자는 본인이 직접 챙기지 않으면 불안해지기 때문에 사사건건 챙기려드는 성향이다.

성격심리학자인 로버트 호건(Robert Hogan)은 성격을 두 가지 범주로 구분한다. 하나는 밝은 측면(bright side of personality), 다른 하나는 어두운 측면(dark side of personality)이다.[69] 꼼꼼한 성격은 숲보다는 나무와 나뭇가지 보기에 눈이 더 꽂히는 기질로 그 자체로는 부정적인 성격이 아니다. 반면, 미세 관리는 어두운 측면의 성격이다. 호건에 의하면 미세 관리는 리더로 성장하는 데 가장 대표적인 걸림돌이다. 부하의 업무적인 성장을 방해하며, 조직의 성과를 지속해서 해치기 때문이다. 밝은 측면의 '꼼꼼함'과 어두운 측면의 '미세 관리' 성격이 상호작용하면 어떤 특성이 나타날까? 구성원에게 일을 맡겼을 때, 세밀한 사항 하나하나까지 머릿속으로 떠올리며 불안해하고 하나부터 열까지 직접 챙기려 한다.

지시·실무형 집단에서 이런 특성이 두드러졌는데, 실제로 구성원이나 동료가 평한 내용과도 일치했다. "과하게 성과만 챙기려든다", "지나치게 꼼꼼하게 챙긴다", "너무 실무자처럼 일한다", "권한 위임을 하지 못하니 실행 속도가 오히려 더디다" 등의 의견이 자주 출현하였다.

리더 A는 미세 관리의 전형을 보여준다. 부하에게 무엇을 언제까지 하라고 지시한다. 실무자는 본인의 업무량을 고려하여 작업 일정을 계획한다. 그런데 A는 작업을 시켜놓고도 불안해진다.

'이거 매우 중요한데, 조금이라도 실수하면 큰일 나는데…. 그 친구가 이것과 이것까지 고려했을까? 평소에 일하는 걸 보면 꼼꼼하지 않단 말이지. 이따 오후에 챙겨봐야겠어.'

실무자가 충분히 고민해서 만들어 오기까지 기다리지 못하고 A가 먼저 챙긴다. "그거 어찌 되었어? 가져와 봐." 또 하나부터 열까지 "이건 어떻게 할 거야, 이건 또 어떻게 할 셈이야. 저거는 생각해본 적 있어?"라고 세밀한 사항까지 다 질문한다. 그중에 미처 실무자가 생각지도 못한 사항이 있을 터이다. 그러니 실무자고 리더 아니겠는가. 실무자가 미처 생각지 못한 사항을 보완하라고 리더가 있다.

'역시 애가 생각이 없어도 너무 없어. 맡겨두고 있었으면 큰일 날 뻔했잖아. 이렇게 역량이 없어서야 내가 어떻게 일을 맡기냐.' 그렇게 하나부터 열까지 챙겨야 할 일들을 다 쏟아놓고는, 다른 사람들에게는 뒷말처럼 말한다.

"내가 리더인지 실무자인지 모르겠어요. 제가 일을 다 해줘야 해요. 애들은 생각도 없고 맨날 놀려고만 해요."

나는 이들을 '밥 한 숟가락 떠먹기 과업'에 비유한다. 이 과업의 진정한 목적은 몸에 영양분 제공하기다. 그냥 밥 한 숟가락을 떠먹으면 될 일이다. 그런데 이런 유형의 리더는 모든 일을 하나하나 통제해야만 직성이 풀리고 본인이 더 불안해한다. 숟가락은 어느 회사 제품 중에 고를지, 나무 숟가락 또는 금은 숟가락을 사용할지, 어느 정도 길이의 숟가락으로 들 때는 손목과 팔의 각도를 몇 도로 할지, 숟가락을 드는 손은 손톱 손질을 해서 위생 상태는 좋은지, 숟가락을 들어서 입에 넣고 몇 번 씹어야 하는지 등을 모두 챙겨야 한다.

배려·화합형은 내 데이터에서 토양이 평균 수준이었다. 리더 역할을 수행하는 측면에서 딱히 좋거나 나쁜 성향이 발견되지 않았다. 다만 한 가지, 다른 집단에 비해 두드러진 특성이 조직과 구성원에 대한 태도였다. 회사에 대한 충성심이 강했고, 특정 구성원들을 편애하거나 편파적이지 않고, 언행일치를 최상의 가치로 여겼다.

여기서 잠깐, 한 가지 짚고 넘어갈 일이 있다. 앞서 나는 '내 데이터에서' 란 표현을 계속 사용했다. 내가 모은 데이터를 활용하여 탁월한 리더십을 개발하는 일반 원리를 도출하는데 그 결과물이 절대적인 진리가 아님을 유념하여주기 바란다. 이 세상에 존재하는 모든 유형의 조직, 그 안에서 일하는 모든 리더의 데이터를 모아 분석한 결과가 아니다. 앞으로도

이 표현을 계속 사용할 텐데, 그때마다 이 점을 염두에 두면 좋겠다.

탁월한 리더의 반대,
부족형은 왜 그럴까

부족형은 탁월한 리더의 대척점에 있는 집단이다. 내 데이터에서 기질적 성격이 평균 수준을 보였다. 다만 두 가지가 조금 두드러졌는데, 지시·실무형 수준만큼은 아니지만 꼼꼼하고 미세 관리 성향이 나타났다.

하지만 부족형이 다른 집단에 비해 절대적으로 토양이 나쁜 건 아니었다. 그런데도 왜 리더십 역량은 가장 낮게 나타났을까?

이 분석의 주된 초점은 탁월형 집단에 있지만, 부족형 집단에도 자꾸 눈길이 갔다. 앞서 '안리특(안타까운 리더 특성을 찾아서)' 프로젝트를 한 결과를 보여주었다. 구성원이 평가한 리더십 점수 백분위의 하위 1~20퍼센타일 집단과 바로 이전 20~40퍼센타일 집단 간에 감성 분석을 수행한 결과 책임을 남에게 전가하고, 조직보다 개인 이익을 우선 추구하고, 말과 행동이 따로 놀고, 감정적으로 업무에 임하고, 개인 친분이나 선호로 판단하는 행동이 두드러졌다. 이번에 분석한 부족형 집단에서도 그와 같은 특성이 나타났다. 사용한 데이터 원천은 달랐지만 '안타까운 리더'라 이름 붙인 집단(구성원 평가 하위 1~20퍼센타일)과 '부족형'이라 이름 붙인 집단(11개의 요인으로 군집분석한 결과)은 그 특성이 많이 유사했다.

부족형 집단을 분석하면서 가장 눈에 띈 특이점은 다른 집단에 비해 상대적으로 전문가가 많았다는 점이다. 식품, 유통, 화학, 생명과학, 반도체, 에너지 등에서 연구개발 직무에 오래 종사한 분들이 상당수를 차지했다. 이 결과를 토대로 '한 분야의 전문가일수록 부족형 집단으로 분류될 가능성이 크다'고 결론을 내릴 수 있을까?

문득 300여 명의 연구원이 근무하는 독립 회사인 어느 대기업 연구소가 생각났다. 오랜 역사를 자랑하는 연구소 인사팀장과 긴 시간 대화를 나누었는데, 관리자들의 리더십 문제로 고민이 매우 많다고 털어놓았다.

"현재 임원과 팀장으로 있는 분들은 입사 초기부터 이 분야에서 진창을 굴렀습니다. 연구개발에 필요한 재료들을 처음부터 끝까지 다 알아요. 그 성분이나 속성, 심지어는 구매 비용까지 꿰차고 있죠. 기술은 말할 것도 없어서 특정 기술의 시작부터 지금에 이르기까지 그 굴곡진 역사를 다 아는 진짜 전문가들입니다. 이 분야에서 모르는 게 없는 건 좋은데, 그게 리더십의 함정을 만듭니다. 너무 빠삭하게 알아서 구성원들의 새로운 시도를 막아버리거든요. 사원, 대리, 과장들이 무언가 시도를 하려 하면 '그거 옛날에 내가 다 고민했던 건데 안 돼'라고 무조건 반대합니다. 또 재료의 원가들을 다 꿰차고 있어서 '야, 이 재료는 얼마고 저 재료는 얼만데 이게 타산이 맞겠냐? 네가 고객이라면 그 가격에 그걸 사려고 하겠냐'라며 구성원의 도전 정신을 원천 봉쇄해버립니다. 그러면서 정작 애들이 창의성도 없고, 도전 정신도 없다고 탓을 합니다. 그러다 보니 구성원들은 '도전하려고 하면 그거 옛날에 다 해봤다고 하지 말라고 해대고, 그래서 아무 일도 안 하려고 하면 도전 정신이 없다고 뭐라고 해대고, 어느 장단에 춤을 추란 얘기냐' 하고 불만들이 많습니다. 인사팀장으로서 직책자의 성과 관리, 구성원의 사기 관리를 고민해야 하니, 고민이 많을 수밖에요."

한 분야의 전문가들은 리더로서 젬병이 될 수밖에 없는 걸까? 전문성이 오히려 리더 성장을 저해하는 덫이 되는 걸까? 아니다. 전문성 자체가 걸림돌이 되지는 않는다. 오히려 구성원이 존경하게 만드는 힘의 원천 중에 하나다.

존 프렌치(John French)와 버트램 레이븐(Bertram Raven)은 1959년에 다음과 같이 권력의 원천 다섯 가지를 발표했다.[70]

공식적인 지위에 의한 합법적인 권력

보상을 제공해줄 수 있는 보상적 권력

명령을 어기거나 지시를 무시하면 이를 처벌할 수 있는 강압적 권력

전문가로서 가진 지식과 기술에 기반한 전문적 권력

개인이 가진 매력에 의한 준거적 권력

즉 높은 전문성은 사람들이 따르게 만드는 힘이 된다.

직장인들이 하는 말 중에 흔한 클리셰가 있다.

"저 양반 그리 안 봤는데, 한칼은 가지고 있네. 임원은 아무나 하는 게 아니구먼."

이는 '한칼'을 가지고 있어야 구성원들이 리더로서 인정할 수 있음을 보여주는 표현이기도 하다. '한칼'이 지칭하는 바는 정치력, 협상력, 본질

을 꿰뚫는 시야, 냉철한 판단력 등뿐만 이 아니라 전문가적인 지식과 스킬을 포함한다.

원시 부족 사회에서도 리더는 한칼을 가지고 있어야 했다. 일본 중앙대학교 나카자와 신이치(中沢新一) 교수는 아메리카 원주민에게서 나타나는 세 가지 리더 유형을 고찰했다.[71]

첫째는 샤먼(shaman)이다. 영적인 존재, 탁월한 존재와 교감하는 사제로 미래의 길흉화복을 점치는 존재이기도 하다. 우리나라는 〈처용가〉의 처용을 대표적 샤먼으로 꼽는다. 처용이 실존 인물인지에 대한 논란은 있지만, 그 이야기 속에서 샤먼 역할을 했다는 점에서는 의견이 일치한다. 처용은 신과 직접 소통할 수 있었고, 신에게 미래에 일어날 일들을 여쭐 수 있는 존재로 묘사되어 있다.

둘째는 족장으로 평화로운 시기에 부족의 대소사를 조율하는 사람이다. 족장은 무엇보다 덕이 있어야 했다. 특히 자신이 가진 재물을 통 크게 베풀어야 했다. 어떤 족장은 더는 나눠줄 재물이 없다며 "이 짓도 이제 지긋지긋하다"고 투덜거리고 족장 자리를 내어놨다고 한다.

나에게 가장 기억에 남는 족장은 1992년에 발표된 영화 〈라스트 모히칸〉에 단 30초 정도 출현한 사람이다. 부족민들이 모두 서 있는 한가운데 왜소하고 연로한 족장이 앉아 잡아온 주인공들을 어찌 처리할지 판결을 내렸다. 위대한 족장들이 많은데도 이 장면이 내 기억에 남은 이유는 아마도 족장에게는 강력한 힘과 체력보다 덕이 필요하다는 점을 가장 상징적으로 보여주었기 때문이리라.

셋째는 전사로 다른 부족과 전쟁이 벌어질 때 리더로서의 모습이 두드러진다. 평화 시기에 리더였던 족장은 뒤로 물러서고, 전사가 부족을 이끈다. 전사에게는 용맹함, 냉철함, 지칠 줄 모르는 체력, 전투력이 필요하다. 우리에게도 익숙한 '제로니모'가 대표적이다. 인디언들에게는 탁월한 리더이자 영웅이었지만, 백인 사회에서는 악귀 그 자체였다. 백인 아이에게 '자꾸 울면 제로니모가 온다'고 하면 울음을 뚝 그칠 정도로 두려운 존재였다.

제로니모는 1829년, 아파치족의 한 지파에서 태어났다. 어렸을 때 아버지가 돌아가셨기에, 어머니와 가족을 부양해야 한다는 강한 책임감을 느꼈다고 한다. 그는 17세의 나이에 전사의 길을 걸었다. 그때부터 탁월한 사냥꾼으로서, 전사로서 두드러진 면모를 보였다. 불행은 그가 30세 즈음 되던 해에 찾아왔다. 제로니모와 전사들이 잠시 외출한 틈을 타서 멕시코군이 인디언 마을을 쑥대밭으로 만들었다. 이때 제로니모의 어머니, 아내, 자녀 셋이 모두 죽임을 당했다. 제로니모는 복수를 다짐했고 아파치 부족 3개 지파의 추장들은 제로니모에게 멕시코군과의 전투 지휘를 맡긴다. 이 전쟁에서 멕시코군은 전멸했다.

나카자와 신이치 교수가 정리한 원시 부족의 세 가지 리더 유형을 보면 손무가 구분한 지장, 덕장, 용장과 일맥상통한다. 샤먼은 미래를 내다보는 신통력을 가져 지장과 유사하다. 족장은 덕장, 전사는 용장과 비슷하다. 이들 각각의 유형을 살펴보면, 적어도 리더가 되려면 '한칼'을 지녀야 한다는 점을 보여준다. 그게 덕이든, 힘이든, 지혜든 말이다.

또한 '한칼'에는 전문가로서의 지식과 기술이 포함된다. 인간의 생은 유한하다. 한 분야에서 깊은 전문성을 쌓기에는 너무 짧은 생이다. 한칼을 가지고 있다는 건, 필멸의 인간이 자기 인생 전체를 걸고 스스로를 완성하려 노력했다는 증거이기도 하다. 장인에게서 깊은 향기가 느껴지는 건 그와 같은 이유 때문이리라. 한 분야에서 자신을 담금질하고 수련하는 사람들에게 존경심을 품는 일은 자연스러운 현상이다.

전문가가 가진 지식이나 기술 그 자체만으로는 리더십의 함정에 빠지지 않는다. 전문성이 다른 조건들과 함께 만나면, 리더십 함정으로 떨어질 가능성이 높다. 내가 데이터에서 관찰한 바에 의하면 다음 네 가지 조건이 상호작용할 때, 문제가 될 소지가 있었다.

조건 ①: 적어도 10년 이상 수련해야만 하는 분야에서 최고의 지식과 기술을 갖춘 전문가다. (역량 조건)

조건 ②: 기질적으로 꼼꼼하고 철저하며 완벽을 추구한다. (성격 조건)

조건 ③: 자신을 관리자 또는 경영자가 아니라 전문가라고 정의한다. (자아개념 조건)

조건 ④: 자신의 전문성이 축적된 바로 그 분야에서 직책자로서 조직을 이끌어 간다. (상황 조건)

조건 ①은 권력과 힘을 만드는 동력이자 조직 내에서 주요 보직에 앉아 있게 하는 원천으로 리더십의 함정에 들게 하는 가장 기본 조건이다.

조건 ②는 사소한 일까지 완벽을 추구하는 성향이다. 어느 직장인은 이런 하소연을 했다. 그가 다니는 회사는 외부 손님이 왔을 때 관련 담당자가 맞이하고 접대했다. 어느 날, 외부 손님과 상사가 회의를 하기로 해서 다과와 차에 더해 그 옆에다 갑티슈, 물티슈까지 비치해놨다. 손님이 과자를 먹다 손이 끈적거렸는지 물티슈를 잡았는데 새 제품이라 직접 안의 스티커를 뜯고 물티슈를 뽑았다. 손님이 가고 나서 손님이 직접 물티슈를 뜯게 했다고 상사가 노발대발 큰소리를 쳤고 몇십 분 동안 잔소리를 들었다고 한다. 전문가 집단은 하나부터 열까지 완벽해야 한다면서 말이다.

전문가들은 장인이다. '전문성은 디테일에 숨어 있다'라는 말처럼, 작은 일 하나도 사소하게 여기지 않고 완벽을 추구해야 한다. 그 태도 자체는 나쁘지 않다. 자기완성을 위해 때로는 스스로를 다그쳐야 할 필요도 있다. 밑바닥까지 파고들어가 맞는지 확인하고 또 확인하는 자세가 필요하다.

문제는 두 가지다. 앞 사례처럼 전문성과 관련이 없는, 굳이 신경 쓰지 않아도 되는 일까지 완벽성을 요구하는 것이다. 또 구성원의 역량 수준을 고려하지 않고 완벽주의를 과하게 요구하는 행위다. 전문가 집단에서는 리더가 부하보다 많이 안다. 그래서 리더다. 산전수전, 산에서도 싸워봤고 물에서도 싸워봤다. 공중전은 물론이다. 그만큼 구성원보다 많은 형식지와 암묵지를 지녔다. 반면, 구성원들은 아직 미숙하다. 그들도 시행착오를 겪어가며 성장해야 한다. 그런데 리더가 자기 전문성 수준에 눈높이를 맞추고는 구성원을 바라보는 경우가 적지 않다. 이제 막 걸어 다니는 아이에게 100m를 9초대로 달리라고 요구한다. 그게 안 되니 리더는 리더대로 짜증 나서 힘들고, 구성원은 리더의 눈높이를 따라잡을 수 없어서 서로 힘들다.

조건 ③은 자기 정체성의 문제다. 내가 만난 A대표는 개발자 출신으로 어린 나이에 창업을 해서 오늘날 큰 기업을 일구어냈다. 그런데 그 회사 중간 관리자들을 만나보니, A에게 상당한 불만을 가졌다. 대표가 대표답지 못하다는 평이 자자했다. 왜 그런지 물어보니, 대표가 지나치게 개발과 프로젝트에 일일이 관여한다고 했다. 그러다 보니 일의 진척 속도가 더딘데다가, 대표로서 제대로 집중해야 하는 일을 소홀히 하는 문제들이 계속 벌어졌다.

A와 개인적으로 만나 얘기를 나누어보니, 그는 경영자가 아니라 여전히 자신을 개발자로 정의했다.

"저는 어릴 때부터 개발자로 살아왔고, 지금도 개발자라 생각합니다."

그의 말에서 그 정체성이 강하게 느껴졌다.

조건 ④는 무엇일까? 만일 조건 ①, ②를 갖춘 리더가 본인의 전문성과는 조금 떨어져 있거나, 아예 무관한 조직을 맡고 있다고 생각해보라. 본인이 잘 모르기 때문에 업무 파악부터 시작하려 한다. 그 분야의 알파와 오메가를 몰라 일상적인 일들은 실무자에게 맡길 수밖에 없다. 또 구성원이 새로운 시도를 하려고 할 때 그게 어떤 가치를 가져다줄지, 조직의 목표 달성에 이바지할 수 있는지의 판단은 가능하지만, 그것을 어떻게 추진해야 하는지는 참견하기 쉽지 않다. 즉 조직의 주요 의사결정을 내리는 직책자로서 What은 어느 정도 판단 가능하지만, 실무 이슈에 대한 How는 가타부타하기 어렵다.

조건 네 가지가 동시에 작용한다면 전문성이 리더십의 덫이 된다. '부족형' 집단에서 그와 같은 리더들이 유독 많았다.

리더 유형별 성과는
탁월형이 가장 높다

유형별로 먼저 살펴본 데이터는 성과였다. 탁월형 리더 집단의 성과가 다른 집단에 비해 좋지 않게 나타난다면, 이후 분석은 아무런 의미가 없다. 이 집단의 성과가 높아야만 이후 분석 결과에 생명력이 부여된다. 리더십 그 자체만 좋으면 기업 조직에서는 의미가 없다. 리더십은 조직의 목표를 달성하기 위해 리더가 발휘하는 행동이기 때문이다.

인사고과 데이터로 이를 살펴보았다. 영업사원 대상의 연구라면 개인별 매출액 또는 영업 수주액 데이터가 가장 좋다. 영업부서 관리자가 대상이라면, 담당 조직의 매출액을 살피면 된다. 기업 조직에서는 돈을 얼마나 벌었느냐, 재무 성과에 얼마나 이바지하였는지가 가장 명확한 성과 지표다.

그런데 탁리특 프로젝트에서는 그와 같은 재무 성과를 활용하기 어려웠다. 영업부서뿐만 아니라 신사업, 전략기획, 연구개발, 구매, 인사, 재무 등 다양한 조직들에서 종사하는 리더들을 대상으로 수집한 데이터였기 때문이다.

일례로, 연구개발 부서는 매출액을 일으키는 조직이 아니라서 매출액 데이터는 사용할 수 없다. 차선으로 사용할 가장 명확한 지표는 CEO 또는 상사 임원이 평가한 업적 평가 데이터다. 이는 개개의 리더가 일정 기간 동안(6개월 또는 12개월) 목표한 바를 어느 정도 달성했는지를 평정(評

定)한 결과다. 연구자들이 종종 사용하는 데이터 중에 하나로 주로 5점 척도를 활용하는데, 5점은 '목표를 기대 이상으로 달성함', 1점은 '목표 달성이 매우 미흡함'을 의미한다.

분석 결과는 어떻게 나왔을까? 아래 그래프를 보자. 탁월형이 가장 높게, 부족형이 가장 낮게 나타났다. 탁월형 집단의 성과 수준이 다른 집단에 비해 가장 높게 나왔기 때문에, 앞으로 수행해야 할 분석들이 정당성을 갖게 되었다.

유형별 패턴을 보면 다소 의아스러운 결과가 하나 있다. 내 데이터에서는 배려·화합형이 다음으로 높았고, 뒤를 이어 보편·무난형이었다. 지시·실무형 리더 집단은 오히려 낮았다. 이상하다. 지시·실무형은 무엇보다 일을 꼼꼼하고 철저하게 완수하려는 성향이 강한 집단이니 이 집단의 성과가 높아야 할 텐데, 오히려 배려·화합형보다 낮게 나타났다.

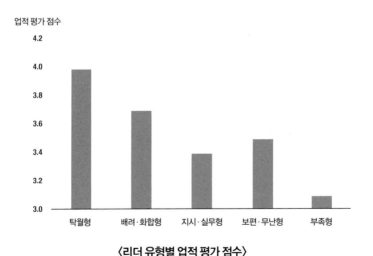

〈리더 유형별 업적 평가 점수〉

이유를 오하이오 주립대학교의 리더십 학과 연구를 토대로 이렇게 해석한다. 잠시 이들의 연구를 살펴보자. 1950년대 오하이오 주립대학교의 연구자들은 효과적인 리더십 행동이 무엇인지 알아내려고 군인과 일반인들을 대상으로 설문지를 사용해 상사의 행동을 기술하도록 하였다.[72] 이를 분석해보니, 부하들은 상사의 행동을 2개의 광범위한 범주로 인식한다는 것이 관찰되었다. 이를 '메타 범주'라 부른다.

이들이 발견한 메타 범주 첫 번째는 리더가 부하에게 인간적 관심을 보이는 행동으로 이를 '배려(consideration)'라고 명명하였다. 부하에게 개인적인 호의를 나타내고, 부하의 문제를 경청하며 같이 고민하고, 부하를 지지·후원하고, 어려움에 부딪혔을 때 보호하고, 부하의 아이디어를 적극적으로 받아들이는 등의 행동을 포함하는데 나중에 이 범주는 '관계지향적 리더십 행동'으로 불렸다.

코로나19 이전에는 우리나라 많은 직장인이 자주 회식에 참여해야 했다. 회식을 업무의 연장이라 간주했다. 때로는 회식 장면에서 배려 행동이 발휘되기도 한다. 어떤 상사는 "내가 윗분들을 커버할 테니까, 1차까지만 하고 빨리 집에 들어가라"고 배려한다. 어느 지인은 "사적인 자리든 공적인 자리든, 상사랑 같이 술자리를 함께하면 '저녁에 붙잡아서 미안하다, 택시라도 타고 집에 어서 들어가라'며 1~2만 원씩 꼭 손에 쥐어주던 상사가 기억에 남는다"고 했다.

한 중견 그룹에서 근무했던 A과장은 이런 이야기를 들려줬다. A과장은 계열사별로 어떤 수치를 조사해서 취합하는 일을 맡아 보고서를 만들어

팀장님과 그 위 상사인 전무님에게 보고드렸다. 계열사별로 서로 비교를 해서 수치가 높은 계열사는 인정하는 뉘앙스로, 수치가 낮은 회사는 좀 더 노력을 기울여야 한다고 독려하는 자료였다고 한다.

이 그룹은 매달 말에 모든 계열사 사장님들이 모여서 사업 현황을 공유했다. 그 자리에서 전무님이 직접 결과를 발표하기로 하였다. 드디어 사장단 회의 날짜가 되어 전무님이 말하던 중에, 어느 계열사 사장님이 손을 들고 이의를 제기했다.

"우리 회사 수치가 상당히 낮게 나왔군요. 저 숫자가 아닐 텐데요. 제대로 조사한 거 맞습니까?"

계열사 사장님이 그리 말하니 A과장은 정말 아찔해졌다. 그래서 부랴부랴 노트북에서 수치를 재확인하려 하는 차에, 앞에 서 계시던 전무님이 이렇게 말했다.

"이 수치가 정확합니다. 그런데도 혹시 실수가 있다면 제가 사장님께 공개적으로 사과를 드리고 옷을 벗겠습니다."

사장단 회의가 끝나고 파악해보니, A과장의 실수가 명백했다. 조사 취합하는 과정에서 엑셀 수식을 잘못 걸어놓은 게 원인이었다. 다음 날 전무님이 담당 팀장과 A과장에게 딱 한마디만 했다고 한다.

"컴퓨터는 정확하지만 이를 다루는 사람은 때때로 실수할 수 있습니다. 같은 실수를 반복하지만 않으면 됩니다. 이번 일로 위축되지 마세요. 책임은 제가 집니다."

그러고는 이의를 제기한 계열사 사장님 집무실로 전무, 팀장, A과장 세 명이 찾아가 뵈었다. 그 자리에서 전무님은 사장님께 90도로 고개를

숙이며 말했다.

"제 잘못입니다. 숫자가 틀렸습니다. 공개 사과를 드리고 제가 옷을 벗겠습니다."

그러자 사장님도 허허 웃으며 용서했다.

"뭐 그 정도로 옷을 벗는다 합니까. 되었습니다. 실수할 수도 있지만, 실수에 대처하는 자세가 더 중요한 법이지요. 후배들에게 계속 그런 모범을 보여주세요."

이처럼 큰 실수가 생겼을 때 부하를 보호하는 행동까지 '배려' 범주에 해당한다.

다른 메타 범주는 목표를 달성하여 성과를 내는 것과 관련된 행동으로, 연구자들은 '구조화(structure)'라는 이름을 붙였다. 이 범주는 팀·부서·본부의 목표에 따라 부하 개개인에게 과업을 할당하고, 목표 달성의 명확한 기준을 제시하고, 업무 방법과 과정을 설계하고, 절차를 준수하도록 하고, 부하 간의 업무를 조정하는 일을 포함하는데 나중에 이는 '과업지향적 행동'으로 불렸다.

위로 팀장 – 상무 – 전무를 상사로 둔 어느 지인은 내게 이런 하소연을 했다. 이 회사는 매우 보수적인데, 각자 책임을 피하려는 경향이 강해 딱 윗사람이 시키는 일만 하는 문화다. 문제는 상사들이 일을 시키더라도 방향을 정확하게 잡아주지 않는다는 점이다. 아무런 지침도 없이 "이런 내용으로 보고서를 만들어 와"라는 지시가 떨어지면 지인은 어떻게든 만들어서 팀장에게 결재를 올렸다. 그런데 팀장도 별다른 아이디어는 없으면서도 "보고서가 별로다, 다시 써와"라고 무엇을 어떻게 고쳐오라는 말도 없이 반려했다. 그래서 이래저래 고쳐서 들고 가면 팀장은 또 탐탁지는 않지만 시간이 없으니 마지 못해 사인하고 상무님에게 가져갔다.

그런데 상무님도 별다른 아이디어 없이 보고서만 가지고 깼다. 그렇게 실무자와 팀장이 몇 차례 혼나면서 보고서를 고치고, 이제 드디어 전무에게 가져가는 순서다.

전무 역시 아무런 아이디어가 없어서 다시 상무, 팀장, 실무자를 혼냈다. 그러다 시한이 다가와서 결국은 실무자가 만든 대로 시행을 했다. 결과가 좋으면 공은 전무님과 상무님이 가져가고, 좋지 않으면 실무자에게 잘못을 책임지게 한다. 팀장-상무-전무 모두 '구조화' 행동을 제대로 발휘하지 못했던 조직이었다.

다시 본론으로 돌아와 보자. 왜 지시·실무형이 배려·화합형이나 보편·무난형보다 성과가 낮게 나타났을까? 배려-구조화 행동을 연구한 에드윈 플레이시먼(Edwin Fleishman) 교수는 그에 대한 힌트를 이렇게 제공한다. 그가 관찰한 바를 조금 각색해서 옮겨보면 다음과 같다.[73]

"리더가 부하를 배려하여 인간적인 신뢰가 형성된 후에는, 리더가 업무적으로 많은 요구를 해도 잘 이해하고 수용하는 것으로 보인다. 그와 같은 구조화 행동을 자신이 성과를 내도록 지원하고 돕는 행동으로 인식한다. 반면, 배려 행동을 전혀 하지 않아 신뢰가 거의 형성되지 않은 상황이라면 어떨까. 리더가 업무와 성과만 챙기면 부하들은 이를 위협적인(threatening) 행동으로 해석한다. 또 자신의 업무 자율성을 제한하는(restrictive) 행동으로 간주한다. 구조화만 강하게 하는 관리자 집단에서는 불만과 이직이 폭증하였다."

혼자서는 할 수 없는 규모가 큰일이기에 여럿이 같이하도록 모인 집단이 바로 조직이다. 리더는 그 여럿이 따로 놀지 않도록 공동의 목표를 세우고, 조율하고, 결정하는 존재다. 자기 혼자 성과를 내는 존재가 아니기에 리더가 구성원으로부터 신뢰를 받지 못하고 무조건 업무와 성과만 챙긴다면, 플레이시먼이 연구한 바대로 구성원들에게서 불만이 폭증한다.

'일이 재미있어서, 하나하나 이루어 나가는 성취감이 들어서 열심히 한다'가 아니라, '상사가 시키니까, 정신없이 쪼아대니까 어쩔 수 없이 한다'는 마음가짐으로 일하게 만든다. 업무에 온전히 몰입하더라도 이 경쟁적인 환경에서 목표한 바를 제대로 이룰까 말까 한데, 리더가 오히려 업무 몰입을 저해하는 요소가 되어버린다. 이런 연유로 지시·실무형의 성과가 낮게 나타난 것이 아닐까 추정한다.

역으로, 배려·화합형이 지시·실무형보다 성과가 높은 점도 흥미롭다. 대부분의 CEO는 배려·화합형보다 지시·실무형을 더 좋아하는 경향이 있다. 이런 뉘앙스로 말하는 사람들이 적지 않다.

"구성원을 배려하는 리더는 인기에 영합하려는 사람이다. 나중에 퇴직하고 난 후 연을 이어가거나 사람을 챙기려는 의도다. 오히려 딱딱하고 냉정하지만, 업무와 성과를 집요하게 챙기는 리더가 최고다. 조직의 명운이 그들에게 달려 있다."

그런데 내 데이터에서는 CEO들이 좋아하는 유형인 지시·실무형보다 배려·화합형이 조직의 비전과 목표 달성 측면에서 더 효과적이었다. 그 이유는 두 가지로 판단한다.

첫 번째는 역시나 오하이오 주립대학교 리더십 학과의 오랜 연구 결과가 말해준다. 배려·화합형의 리더들은 구성원들과 돈독한 신뢰 관계를 형성한다. 구성원들이 해낼 수 있다는 믿음, 즉 그들의 역량을 기본적으로 신뢰하기 때문에 일을 믿고 맡긴다. 회사 전체의 전략 방향에 따라 조직의 목표가 설정되면, 구성원들 스스로 일을 추진하고 성취감을 맛보도록 돕는다.

극단적으로 말해, 지시·실무형이 리더 혼자서 일하는 조직이라면, 배려·화합형은 구성원들과 함께 만들어가는 조직이다. 앞에서 말한 회사가 큰 일을 하기 위해 사람이 모인 집단이라는 점을 고려한다면, 배려·화합형의 성과가 좀 더 좋을 개연성이 있다.

두 번째, 내가 모은 데이터가 대기업 중심이었기 때문일 수 있다. 우리나라 대기업 집단에는 상대적으로 우수한 인적자원이 모여 있다고 여겨진다. 이 상황에서는 배려·화합형 리더들이 높은 성과를 거두는 데 유리할 수 있다. 구성원들을 믿고 위임하면 그들 스스로 알아서 일을 추진해나갈 테니 말이다.

반면, 구성원의 역량이 형편없는 조직이라면 배려·화합형보다는 지시·실무형이 성과를 더 많이 낼 개연성이 있다. 일을 쫀쫀하게 챙기면서 하나

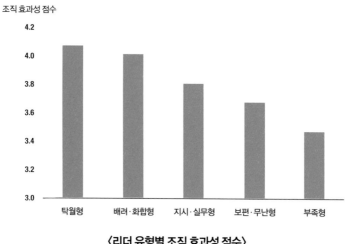

조직 효과성 점수

4.2
4.0
3.8
3.6
3.4
3.2
3.0

탁월형　배려·화합형　지시·실무형　보편·무난형　부족형

〈리더 유형별 조직 효과성 점수〉

부터 열까지 구성원을 훈육하고 지시할 테니 말이다. 이처럼 맥락에 따라 달라질 수 있기에 계속해서 '내 데이터에서는'이라는 표현으로 한정한다.

업적 평가 자료뿐만 아니라, 구성원들이 인식하는 '조직 효과성' 데이터도 살펴봤다. 이 데이터는 '우리 조직은 생산성이 높다', '우리 조직은 효율적으로 운영된다' 등의 문항에 응답한 결과다. 그래프를 보자.

이번에도 탁월형의 조직 효과성이 가장 좋았고, 부족형이 가장 낮게 나타났다. 탁월형이 다른 유형에 비해 더 나은 성과를 거두고, 조직 효과성도 우수한 결과를 확인하였다. 이제 탁월형 리더들이 보이는 차별적인 특성을 찾아가 보자.

탁월한 리더 특성 #1
환경을 보는 가정이 다르다

유형별로 다양한 데이터를 살펴봤는데 그중에서도 가장 주목한 데이터는 바로 리더가 현재 직책에서 겪는 고민사항을 자술한 주관식 텍스트다. 조직을 이끌어 나가는 데 어떤 고민과 걱정이 있는지, 리더로서의 애로사항을 자세하게 기술한 문장이다. 왜 이 데이터에 주목했을까?

심리학자들이 말하는 '멘털 모델(mental model)'을 엿볼 수 있기 때문이다. 이 개념이 무언지 쉽게 풀어보자. 여러분이 낯선 사람과 몇 시간 대화를 나눈다고 해보자. 초반에는 서로를 알기 위해 여러 질문을 할 것이다. 여러분도 '나는 이런 사람'이라고 자신을 어느 정도 드러낸다. 좋아하는 음식, 취미, 싫어하는 것까지 다양한 이야기들을 나눈다. 그러다가 무언가 말이 잘 통하고 생각하는 바가 비슷한 이를 만난다. 바로 멘털 모델이 유사하기 때문이다.

멘털 모델은 우리가 세상을 이해하고 추론하는 사고 모델이다. 우리를 둘러싼 주변 환경이 어떻게 돌아가는지를 이해하는 사고의 틀로, 즉 일상에서 원인과 결과를 추론하는 체계적 인지 시스템이다. 따라서 멘털 모델을 혹자는 좀 더 쉬운 표현으로 세계관, 사고관이라고 부른다.

멘털 모델을 직접 측정하기는 어렵다. 비싸고 좋은 자기 공명 영상 장치(MRI, Magnetic Resonance Imaging)로도 알 수가 없다. 다만 한두 가지 주제를 가지고 자신이 생각하고 느낀 바를 기술한 에세이, 수필로 슬며시 엿볼 수는 있다. 이런 연구를 주로 했던 펜실베이니아 주립대학교 로이

클라리아나(Roy B. Clariana)는 "에세이는 개인의 지식 구조가 어떻게 형성되어 있는지를 비춰주는 반사판과 같으며, 멘털 모델의 단면을 보여줄 수 있다"라고 주장한다.[74]

현 직무에서의 고민사항, 애로사항을 담은 자기 진술문에서 우리는 탁월한 리더들이 다른 리더에 비해 사고 틀이 어떻게 다른지, 사고가 전개되는 방향성이 어떻게 차별적인지를 탐색해볼 수 있다. 따라서 탁월한 리더의 차별적 특성들을 보여주는 주요한 열쇠가 될 수 있다.

그 외에도 구성원 코멘트들은 어떻게 다른지, 동료들은 뭐라고 하는지도 살펴봤다. 심지어 경력 비전이 무엇인지, 취미가 무엇인지도 분석했다.

자기 진술문을 텍스트 분석(text analytics) 기법으로 들여다보자. 유형별 진술문을 토픽 모델링(topic modeling)을 해봤다. 토픽 모델링은 방대한 문헌에서 가장 핵심이 되는 메시지를 찾아내기 위한 알고리즘으로, 유사한 의미가 있는 단어들끼리 클러스터링(clustering)한다. 분량이 너무 많아서 사람이 일일이 읽고 요약하기 곤란한 텍스트에서 핵심 주제를 도출할 수 있다. 탁월형을 제외한 나머지 4개 유형의 고민사항을 표에 요약했다.

유형	고민사항 핵심 요약
배려·화합형	구성원 동기부여, 역량 개발 등 사람 중심의 고민과 애로사항들
지시·실무형	목표에 대한 강렬한 의지, 달성 과정에서의 어려움 토로
보편·무난형	새로운 변화를 추구하려 하지만 자원이 뒷받침되지 못한다고 아쉬워함
부족형	본인이 처한 상황에 대해 '어렵다, 힘들다'라고만 토로하는 경향

〈다른 리더 집단의 고민사항 요약〉

토픽 모델링 결과를 보면, 배려·화합형과 지시·실무형은 특정한 방향으로만 고민한다는 점이 참 흥미롭다. 배려·화합형은 오로지 사람에 대한 고민만 가득하고, 지시·실무형은 일과 목표 중심의 고민이 주다. 성격과 역량 데이터를 가지고 군집분석을 통해 유형으로 나누고, 집단마다 무엇을 고민하는지를 살펴본 건데, 그 고민의 내용조차도 일관된 패턴을 보여주니 신기할 노릇이다.

나는 데이터 분석을 하다가 하나의 공통점을 발견하면, 한 차원 위에서 내 나름대로 정의해보려는 경향이 있다. '그래서 한마디로 얘기하면 어떤 내용이지?' 하고 말이다. 때로는 행위 동사를, 때로는 형용사를 이용한다. 이들 네 가지 유형 중에서도 특히 보편·무난형과 부족형의 코멘트는 한마디로 - 그리 좋은 표현은 아니지만 - '징징대는' 내용이 많았다. '이걸 시도해보고자 했는데 저게 없어서 아쉽다', '이걸 하라고 목표가 떨어졌는데 예산도 없고 사람도 없는데 도대체 나보고 뭘 어떻게 하란 말이냐'라는 뉘앙스들이 대부분이었다.

탁월한 리더들은 어땠을까? 사뭇 다른 내용이 발견되었다. 텍스트 분석 결과, 다음 페이지와 같은 키워드 노드(node)는 탁월한 리더 집단에서만 가장 선명하게 나타났다. 학문에서는 이와 같은 그림을 '랭귀지 네트워크(language network)' 또는 '언어 연결망'이라 부른다. 특정 단어의 빈도뿐만 아니라 각각의 단어가 다른 표현들과 얼마나 동시 출현하는지를 보여준다.

왼쪽 노드는 기회, 사업, 구체적, 방안이라는 키워드가 서로 연결되어 있다. 오른쪽 노드는 변화, 어떻게, 만들어, 판단이라는 단어가 함께 나타

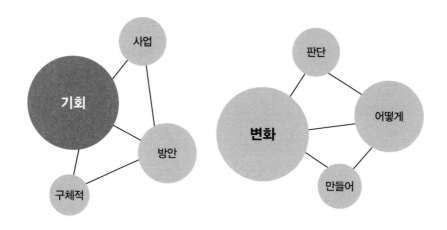

〈탁월한 리더 집단 고민사항에서 차별적으로 나타난 언어 연결망〉

났다. 이 두 노드가 무슨 의미인지 감이 오는가?

텍스트를 분석하면서 자기 기술문 면면을 들여다봤다. 탁월형 리더들은 여러 제약 조건에도 어려움과 난관을 어떻게 돌파할까, 변화를 어떻게 만들고 추진할까, 사업 기회를 어떻게 만들어서 성장할까를 고민했다. 자신을 둘러싼 환경을 고정된 '상수'가 아니라, 스스로 바꾸어나가고 '변수'로 가정하는 멘털 모델이 매우 두드러지게 나타났다.

이 분석 결과를 고찰하면서 내 머릿속에서는 다섯 가지 일화가 떠올랐다. 2016년 어느 글로벌 대기업 CEO는 휘하 임원과 팀장에게 이런 일갈을 날렸다.

"전 세계적으로 저성장 기조에 접어들었습니다. 두렵습니까? 그 기조 자체는 무섭지 않습니다. 우리가 그 저성장 기조에 익숙해지는 일이 가장 두려운 일입니다."

성과가 저조하거나 사업이 어려워지면 외부 환경 탓을 하기 쉬워진다.

'우리가 지금 어려운 이유는 저성장 기조 때문이야. 전 세계적으로 그런 분위기인데 나라고 뭐 뾰족한 수가 있겠어? 나는 할 만큼 했어!'

그 CEO는 이렇게 스스로 위안하여 안주하게 되는 습관이 무섭다고 지적하며 저성장이라는 사고 틀에 갇히지 말고, 한계를 뛰어넘는 돌파구를 찾자고 독려했다.

어느 대기업이 있다. 산업 특성상 주기적으로 경기 사이클을 탔다. 모든 조직이 외부 환경에 상당한 영향을 받지만, 이 회사는 특히 그들이 통제할 수 없는 외부 요인에 지배를 받는다고 믿었다. 이 회사 리더들은 경기 사이클에 따라 반응이 달랐다. 경기가 좋아서 잘나갈 때는 자신의 성과를 부각하고 강조했다. "내가 이번에 이걸 했고 이런 성과가 있었어"하고 말이다. 반면 경기가 좋지 않고 분위기가 침체되었을 때는 리더들의 눈이 상사에게로 향했다. 주로 이런 뉘앙스의 이야기를 하곤 했다.

"윗분들이 결정을 내려주지 않으셔서…. 제가 지금 아무것도 할 수가 없네요."

이들은 외부 환경에 갇혀 살고 있었다.

평생 중견기업을 일궈 탄탄한 계열사를 여럿 만들어서 고용 창출에 이바지한 한 회장은 이렇게 말했다.

"주변 사람을 보면 저와 사고 프레임이 다르다는 걸 많이 느낍니다. 어떤 사안을 볼 때 '옳으냐, 그르냐' 이분법에 갇혀 있습니다. 그 프레임도 좋습니다. 그런데 사업하는 사람이라면 다르게 생각할 줄 알아야 합니다. 저는 평생 한 가지 질문에 매달려왔습니다. '가능하냐, 불가능하냐'의 프레임입니다. 99%가 어렵지만 1%의 가능성이라도 있으면, 어떻게 해서든 99%조차 가능하게 만들려고 적극적으로 도전하였습니다. 그 힘이 지금의 저를 있게 한 원동력이 아닌가 싶습니다."

탁월한 리더의 차별적 특성을 한 지인에게 이야기했더니, 그는 이전 CEO의 특성이 바로 그러하다고 얘기했다. 지인은 한동안 CEO의 비서 역을 수행했다. 전사 회의를 할 때면 지인도 배석해서 회의록을 정리 했는데, CEO가 항상 강조했던 말이 있었다고 한다.

"우리나라 법이 이러이러해서 못 한다고 얘기하지 맙시다. 공공의 건강과 이익을 해치지 않는다면, 그 법을 바꾸어보려는 노력은 왜 하지 않는 겁니까? 앞으로 이거 때문에 안 된다, 저거 때문에 안 된다고 말하지 말고, 그 안 되는 걸 되도록 하는 고민을 해오거나 함께 토론할 내용으로 만들어 오세요."

마지막으로 생각나는 것은 '금신전선 상유십이(今臣戰船 尙有十二)'로 이순신 장군이 명량해전을 앞두고 선조 임금에게 올린 장계에 수록된 유명한 말이다.

1594년 7월 16일, 원균 장군이 칠전량 해전에서 일본 수군에게 엄청난 패배를 당한다. 이순신 장군은 그 일을 이렇게 기록한다.

"새벽에 이덕필과 변홍달이 와서 전하길 '16일 새벽에 수군이 대패했습니다. 통제사 원균과 전라우수사 이억기와 충청수사 최호와 뭇 장수들이 다수 살해당했습니다'라고 하였다. 통곡을 이기지 못했다." (이순신,《정유일기》, 7월 18일).

선조는 어쩔 수 없이 권율 장군 밑에서 백의종군하던 이순신을 삼도수군 통제사로 복직시킨다. 이때가 8월 3일이었다. 선조의 교지를 잠시 인용해본다.

"왕은 이르노라. 오호라! 국가가 의지할 곳은 오직 수군뿐인데, 하늘이 화를 내려 흉악한 칼날이 다시 성하여 마침내 삼도의 군사를 한 번 싸움에서 모두 잃었으니 이후로 바다 가까운 고을은 누가 다시 막아낼 것인가? (중략) 생각하건대, 그대는 일찍 수사 책임을 맡았던 그날부터 이름이 드러났고 또 임진년 승첩이 있은 뒤로 업적을 크게 떨쳐 변방 군사들이 만리장성처럼 든든히 믿었건만, 지난번에 그대의 직함을 갈고 그대로 하여금 백의종군토록 한 것은 역시 사람의 생각이 어질지 못함에서 생긴 일이었거니, 오늘 이 같은 패전의 욕됨을 만나게 된 것이니 무슨 할 말이 있겠는가. 이제 각별히 어두움에서 경을 일으키고, 상복을 입은 채로 다시 천거하여 충청, 전라, 경상 등 삼도수군통제사에 임명하노니, 경은 지금 나아가 군사를 모아 어루만지고 흩어져 도망간 자들을 찾아 불러 단결시켜 수군의 진영을 회복하고 (중략) 그대는 충의의 마음을 굳건히 하여, 나라 건져주기를 바라는 우리의 소원을 이뤄주길 바라며, 이제 교지를 내리니 그대는 알지어다." (《이순신 통제사교서》, 보물 제1564-3호)

이순신을 파직하고 원균을 통제사로 앉힌 결정을 후회한다는 자신의 소회를 신하에게 솔직하게 이야기하고 있다. 선조 임금에 대한 평가가 여러모로 갈리는데, 〈이순신 통제사교서〉 내용을 미루어보면 적어도 자신의 잘못을 시인할 줄 아는 리더였나 보다.

그런데 수군 진영을 회복하라고 교지를 내린 지 불과 12일 만에 선조임금의 마음이 바뀌었다. 선조는 선전관을 보내 수군을 없애고 육군에 편입해서 싸우라고 명령을 내린다.

하, 이런 변덕쟁이를 봤나. 이순신 장군은 이런 장계를 올린다.

自壬辰至于 五六年間 자임진지우 오육년간
賊不敢直突於兩湖者 적불감직돌어양호자
以舟師之拒其路也 이주사지거기로야
今臣戰船 尙有十二 금신전선 상유십이
出死力拒戰則猶可爲也 출사력거전칙유가위야
今若全廢舟師 금약전폐주사
是賊所以爲幸而由 시적소이위행이유
湖右達於漢水 호우달어한수
此臣之所恐也 차신지소공야
戰船雖寡 전선수과
微臣不死則不敢侮我矣 미신불사측불감모아의
—《행록》, 이분

군이 원문을 인용한 이유는 이순신 장군의 마음을 담아서 읊어보고 싶었기 때문이다. 이를 오늘날의 말로 풀어보면 다음과 같다.

"임진년부터 5·6년 동안
적이 감히 호서와 호남으로 직공하지 못한 것은
수군이 그 길을 누르고 있어서입니다.
지금 신에게 아직 열두 척의 전선이 있사오니,
죽을 힘을 내어 막아 싸우면 이길 수 있습니다.
지금 만약 수군을 모두 폐한다면
이는 적들이 다행으로 여기는 바로써,
말미암아 호서를 거쳐 한강에 다다를 것이니
소신이 두려워하는 바입니다.
전선이 비록 적으나,
미천한 신이 아직 죽지 않았으니,
적들이 감히 우리를 업신여기지 못할 것입니다."

"지금 신에게 아직 열두 척의 전선이 있습니다", "죽을 힘을 내어 막아 싸우면 이길 수 있습니다"라는 문장들은 이순신 장군의 멘털 모델을 여실히 보여준다. 본인이 처한 어려운 상황을 불평하지 않았다. 가지고 있는 자원(전선과 병사)이 부족하다고, 그래서 힘들다고 이야기하지 않았다. 오히려 이순신 장군은 해야 하는 일에 집중했고 선조 임금을 설득했다.

'탁월한 리더 집단은 환경에 대한 가정이 다르다'라는 결론을 내는 과정에서 나 스스로 반성을 많이 했다. 돌이켜보면, 나는 환경 탓을 했던 사람이었다. 대표적으로 '유학 꿈'을 저버린 일이다. 블루칼라 공돌이가 대학교를 들어가 보니 공부가 너무 재밌었다. 그러다 한 가지 꿈이 생겼다. 나도 다른 나라, 다른 문화에서 공부하고 싶다는 꿈. 그런데 가정 형편이 좋지 않았다. 몇 년 고민하다가 결국 환경이 안 된다는 이유로 포기하였다. 유복한 사람만이 유학을 갈 수 있는 건 아닌데 말이다. 의지를 다지고 도전하였다면 국가 기관이나 독지가로부터 도움 받을 기회를 붙잡을 수 있었다. 현지 국가의 장학 제도를 알아보거나, 아르바이트를 해서라도 공부를 할 수 있었을 것이다.

어쩌면 꿈은 꾸었으나 '내 삶에서 이게 아니면 안 돼'라고 할 정도로 절실하지는 않았던 걸까. 그러니 환경을 탓하며 그냥 안주하려 했는지 모른다. 안 되는 이유를 탓할 대상이 있다는 건 우리에게 커다란 위안을 준다. 꿈과 목표를 이룰 수 없어 아쉽지만, 탓할 대상이 있어서 우리는 안정을 느낀다. "내가 못나서 못한 게 아니라 환경이 뒷받침되지 않아서 못 하고 있는 거야"라고 자존감을 지켜낼 수 있으니 말이다.

팬데믹 시대에 요구되는 리더십 ①
- 사면초가 한탄이 아닌, 마권찰장의 자세가 필요하다

코로나19가 정치·경제·사회·문화 등에 걸쳐 전방위적으로 충격을 가해 많은 리더가 현재 무력감을 느끼고 있다고 고백했다.
"요즘 아무것도 해볼 수가 없어요. 사람을 모을 수도 없거니와, 영업을 하기 위해 사람을 만나기도 버겁습니다. 구성원들은 모두 저만 쳐다보고 있는 듯합니다. 그런데 저도 똑같은 사람이거든요. 제가 무슨 판타지 소설의 영웅도 아니고 저라고 뚝 부러지는 수가 있겠어요? 저도 앞길이 보이지 않아 너무 답답합니다. 사면초가의 느낌이랄까요."

그들의 깊은 한숨에 내 마음도 끝없는 낭떠러지로 떨어지는 듯했다.

위험은 비체계적 위험과 체계적 위험으로 나눌 수 있다. 전자는 유비무환의 정신으로 미연에 방지하거나, 설령 벌어졌다 하더라도 사후에 복구가 상대적으로 용이하다. 반면 후자는 제거하거나 피할 수 없다. 코로나19가 바로 그렇다. 어느 한 기업에만 닥친 위험이 아니라 산업의 모든 기업에 동일하게 미친다. 그뿐이랴. 우리나라만이 아니라 전 세계에 영향을 미치고 있다. 그 말인즉슨, 우리만 코로나19로 어려운 게 아니라는 것이다.

이 상황에서 탁월한 리더들은 어떻게 사고하고 행동할까? 이들은 환경을 상수가 아니라 적극적으로 바꿀 수 있는 변수로 가정한다. 어려운 현실을 외면하거나 무시하는 게 아니다. '그저 기다리다 보면 잘되겠지, 긍정적으로 생각하면 뭔가 바뀌겠지'라고 마냥 낙천적이고 낙관적으로만 사고하지도 않는다. 그들이 기술한 문장을 톺아보면, 되레 그들은 환경을 냉철하게 평가한다. 부과된 제약을 정확히 파악하고, 걸림돌이 무엇인지 명확히 안다. 그런데도 정신만큼은 그 틀에 갇히려 하지 않고 지금 당장 그 굴레를 벗어버릴 수는 없을지라도, 시나브로 책임을 맡은 조직에 유리한 방향으로 주변 환경을 바꾸려 노력한다.

이들을 사자성어로 표현하자면 마권찰장(摩拳擦掌)의 모습을 갖추고 있다. 이는 주먹을 문지르고 손바닥을 비비는 자세를 이르는 말로, 단단히 벼르고 있다가 기회가 오면 한바탕 해보려는 품세를 이른다. 리더들은 몸소 '할 수 있다', '불가능은 없다'는 자세를 보여준다.

현대자동차 그룹 고위 임원은 내게 이렇게 말했다.

"요즘같이 어려운 시절 정주영 회장님이 종종 생각납니다. 그분이 자주 하셨던 말씀 '이봐, 해봤어?'는 지금 더욱 빛납니다. 세상에 안 되는 일은 없다, 못할 일은 없다는 점을 그분께서 직접 보여주셨고 구성원들의 생각을 틔워주셨지요."

탁월한 리더 특성 #2
구성원을 보는 가정이 다르다

탁월한 리더는 구성원을 어떤 존재로 보느냐, 그 가정이 달랐다. 먼저 다른 4개 집단에서 나타난 내용 중 대표 문장을 인용하였다. 한번 읽어보자.

"구성원들 역량이 매우 부족함"

"구성원들이 변화에 소극적이며 편하게 지내려고만 하는 경향이 있다."

"내 강력한 추진력에 대한 구성원들의 불만에 오히려 내가 불만이다"

"여성 인력이 국내 영업 관계망을 구축할 수 있을까 회의적인 생각이…"

이들이 구성원을 어떤 존재로 보는지는 탁월형 리더들이 기술한 내용과 대비하면 확연하게 알 수 있다. 탁월형 리더들이 기술한 문장을 보자.

"과중한 업무 부담으로 인한 스트레스를 어떻게 완화해줄 수 있을까?"
"어떻게 하면 구성원들의 자신감을 끌어올릴까?"
"신규 사업 추진 구성원들의 의욕이 저하되지 않고, 사업 기회를 지속해서 살려나갈 방안이 무얼까?"
"장기간 지속하는 불황으로 침체된 구성원을 어떻게 도전적·열정적으로 뛰게 만들까?"

탁월형은 구성원을 '목표를 함께 달성해 나가는 파트너', '스스로 알아서 자발적으로 일을 추진해 나가는 주체'로 인식하는 경향이 강했다. 반면 다른 유형들은 구성원들을 '나보다 열등한 존재', '내가 가르쳐야 할 대상'으로 가정하는 멘털 모델이었다. 이를 그림으로 그려보면 아래와 같다.

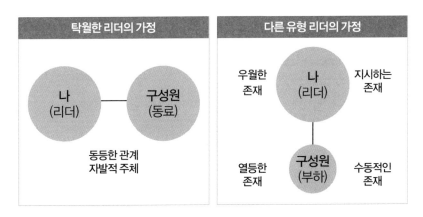

〈리더 유형별 구성원에 대한 가정〉

어느 리더는 이렇게 말했다.

"인터넷이 대중화되고 스마트폰이 온 국민의 필수품이 되기 전에는 리더가 구성원보다 더 큰 사람이었습니다. 언제 어디서든, 구성원들보다 아는 게 더 많았지요. 그래서 리더가 시키는 대로 하면 방향이 맞는 경우가 많았습니다. 그런데 요즘은 완전히 달라졌습니다. 구성원들이 저보다 많이 압니다. 식사하다가도 그 자리에서 스마트폰으로 검색해서 정확한 정보를 알아냅니다. 카카오톡은 물론이고, 페이스북 등을 통해 새로운 정보가 많이 유입됩니다. 유학을 다녀온 친구들도 적지 않아서 세계적인 인맥을 가진 경우도 있습니다. 링크드인, 글라스도어 등을 통해 글로벌 기업의 담당자와 연락을 해 업계 동향을 빠르게 파악합니다. 이제는 리더가 젊은 구성원들에게 배워야 합니다. 젊은 구성원들이 새로운 형식지를 많이 들여오면, 상대적으로 연장자인 리더는 경험에 기반한 암묵지를 활용해 서로 시너지를 내야 합니다. 누가 누구를 가르치고 지도해야 하는 관계가 아니라, 공동의 목표를 달성하기 위한 동료라고 생각해야 합니다."

여러분이 리더라면 구성원을 어떤 존재로 여기겠는가? 그 가정에 따라 태도와 행동이 달라진다. 구성원을 열등하고 부족한 아랫사람이라 간주한 리더 A는 이렇게 말하곤 했다.

"제 밑에 있는 애들은 역량이 없어도 너무 없습니다. 그래서 하나부터 열까지 가르쳐야 합니다. 그러다 보니 제가 실무 수준에서 자잘한 일까지 다 피드백을 합니다. 부하들은 저보고 너무 디테일하다고, 권한 위임을 해달라고들 합니다. 저도 압니다. 부하들이 제게 불만이 많다는 거. 그런데 지들이 역량이 안 돼서 그러는 건데 저만 나쁜 리더라고 탓하다니 정말 웃기지도 않습니다."

구성원들이 업무 아이디어를 내더라도 그는 일단 비판부터 해댔다.

"왜 그리 생각이 단순하냐, 그러니 내가 자꾸 실력이 없다고 하는 거다."

그럴수록 조직은 점차 침체됐고, 구성원은 보수적이고 수동적인 자세로 일하게 되었다.

그런데 A가 다른 부서로 이동하고, 리더 B가 새로 부임했다. B는 구성원을 함께 일하는 동료라 믿었다. 그는 누구나 불완전한 존재이기 때문에 서로를 보완하기 위해 함께 일한다고 믿었다. 그래서 일방적으로 지시하기보다는 '우리 함께 성장하자'라고 격려했다. 그러자 구성원들이 자발적이고 능동적으로 행동하기 시작했다. 새로운 아이디어를 내고 기존 관행을 스스로 바꾸기도 했다. B와 함께하는 동안 그 조직은 분위기와 생산성이 최고 수준에 이르렀다.

동일한 직책, 동일한 조직, 동일한 구성원인데 A와 B가 낸 결과물이 극단적으로 달랐던 이유는 무엇일까? 그 원인에 대한 실마리는 심리학의 자성적 예언(Self-fulfilling Prophecy)에서 찾아볼 수 있다. 사람에게 특정한 기대와 믿음을 가지면, 그 사람은 그에 맞는 방향으로 행동하는 경향이 있다는 이론이다.

그리스 신화에 피그말리온(Pygmalion)이란 남자 조각가가 등장한다. 그는 주변 여성들에게 환멸을 느껴 조각에 자신의 열정을 불태웠다. 어느 날, 그는 상아로 아름다운 여성을 조각한다. 너무나도 완벽한 여인상이었는지, 피그말리온은 그 조각상에 매료되었다. 그녀에게 갈라테이아

(Galatea)라는 이름도 붙였고 점차 사랑하게 되었다. 아름다운 옷도 지어서 입히고, 볼에 키스하기도 했으며 이루어질 수 없는 사랑이라 남몰래 한숨을 짓곤 했다. 결국 그는 조각상을 사람으로 바꿔 달라고 아프로디테 신에게 기도를 올린다. 아프로디테가 그 기도를 들어주어 피그말리온은 사람으로 변한 갈라테이아와 결혼식을 올린다. 이 이야기 주인공의 이름을 따서 자성적 예언을 피그말리온 효과(Pygmalion Effect)라 한다.

1968년 하버드 대학교 사회심리학과 로버트 로젠탈(Robert Rosenthal)과 레노어 제이콥슨(Lenore Jacobson)은 미국 샌프란시스코의 한 초등학교에서 심리학 실험을 했다.[75]

먼저 전교생에게 지능검사를 실시했고 결과와는 무관하게 무작위로 한 반에서 20% 학생을 선발했다. 그 명단을 교사들에게 주면서 지적 능력이 높아 학업 성취가 향상될 가능성이 큰 학생이라고 알려주었다. 그러고는 8개월 후 같은 지능검사를 했다. 결과는 어떻게 나왔을까?

교사들에게 제공한 명단에 속한 학생들은 다른 학생들보다 지능이 더 높게 나왔고 학업 성적도 크게 올랐다. 그 학생들에 대한 교사들의 기대와 격려가 상당한 영향을 미쳤던 것이다.

이 연구는 교사가 학생에게 거는 기대가 학업 성취도에 실제로 영향을 미친다는 점을 증명하였다.

자성적 예언, 즉 피그말리온 효과는 초등학생에게만 통용될까? 포틀랜드 주립대학교의 파멜라 티어니(Pamela Tierney)와 스티브 파머(Steven Farmer)는 화학 회사에 근무하는 각각 140명의 상사와 구성원을 대상으로 연구했다.[76] 이들에 의하면, 상사가 구성원을 창의적인 사람으로 기대할수록 구성원은 그 기대에 부응하기 위해 다양한 각도로 아이디어를 발산하였다. 중국 연구자들도 비슷한 결과를 보고했다.[77] 146명의 상사와 440명의 구성원을 대상으로 연구한 결과, 상사의 기대에 부응하기 위해 구성원이 노력하는 경향을 보였다.

이처럼 상사가 구성원에 어떤 기대를 하느냐에 따라 부하의 태도와 행동, 성과가 달라진다. 구성원에게 어떤 기대를 하느냐는 곧 구성원을 어떤 존재로 간주하냐에서 출발한다. 구성원을 나보다 열등한 사람, 내가 가르쳐야 할 존재라고 가정해보라. 어떤 기대를 하게 될까? 구성원을 항상 부족하고 실수투성이라 생각한다. 구성원이 작성한 보고서에서 오탈자라도 발견하면 '역시 내 생각이 맞다'라고 확신을 한다.

반면, 구성원을 목표를 향해 함께 어깨동무하고 달려가야 할 존재라고 가정해보라. 어떤 기대를 하게 될까? 지금까지 내가 열심히 해왔듯이, 구성원도 자발적으로 최선을 다해 일하리라고 믿는다.

MIT 슬로언 매니지먼트의 더글러스 맥그리거(Douglas M. McGregor) 교수는 인간관을 X이론과 Y이론으로 구분한다.[78]

X이론은 인간을 태생적으로 수동적이고 일하기 싫어하는 존재라 가정한다. 이 인간관을 신봉하는 리더는 상세하게 지시하고 엄격하게 감독하려 한다. Y이론은 인간이 최선을 다해 일하고자 하며, 이를 통해 자아를 실현하려는 주체적인 존재라고 가정한다. 이 이론을 추종하는 리더는 구성원들이 자발적으로 일할 수 있는 분위기를 만드는 데 집중한다.

어느 회사 최고경영자는 Y이론을 철저히 신봉했다. 그런 경영자를 지금

거리에서 보좌하던 사람이 함께 해외 출장을 가는 중에 이런 질문을 했다.

"회장님은 리더십을 무엇이라고 생각하십니까?"

"내가 생각하는 리더십은 주변 사람이 내 생각을 모르게 하는 일이지."

선뜻 이해가 안 돼서 다시 여쭈려는데 부연 설명을 했다고 한다.

"내가 무슨 생각을 하는지 알면, 주변 사람이 모두 나에게 맞추려고 할 테지. 나도 한낱 인간이라 때로는 잘못 판단할 수도 있기에 나를 비롯한 주변 사람이 모두 똑같은 생각을 해서는 안 되고 서로 다른 생각을 할 수 있어야 해. 자발적으로 치열하게 고민해서, 스스로 선택하고 밀고 나갈 수 있어야 하기에 나는 주변 사람이 내 생각을 모르게 하는 것이 내 리더십이 되어야 한다고 믿는 거지."

구성원에 대한 가정은 때로는 사소해 보이는 장면에서 가장 극적으로 나타나기도 한다.

어느 대기업 전략팀에 근무하는 강 차장은 땀이 후줄근하게 났던 경험을 이야기했다. 회사에서 전사적으로 전략 방향을 재수립하기로 해 자신의 차상위 상사인 전략 담당 전무님이 사장님과 수십여 명의 임원이 모인 자리에서 발표하게 되었다. 강 차장은 전날 밤에 파워포인트는 물론이고, 발표 장소에 있는 컴퓨터나 빔프로젝터가 제대로 작동하는지 꼼꼼히 살폈다. 슬라이드를 넘기는 포인터 작동법도 전무님께 미리 설명드렸다.

발표날, 강 차장은 빔프로젝터가 제대로 동작하는 것을 확인하고, 발표 자료도 화면에 띄워놓았다. 빔프로젝터가 투사되지 않도록 Blank 기능을 눌렀다. 사장님과 임원들이 자리하면 그때 화면을 띄우려고 하였다.

드디어 모두 모였다. 전무님이 발표하려고 앞에 나갔는데 아뿔싸, 빔프로젝터 화면이 켜지지 않았다. 아예 먹통이 되어버렸다. 강 차장은 이 말을 할 때 얼마나 괴로웠는지 얼굴을 찡그리며 고개를 절레절레 저었다.

"제 팀장인 상무님이 컴퓨터 쪽으로 급히 달려오셨습니다. 무슨 문제냐면서 아주 작은 목소리로 복화술하듯이 '너 이 자식, 몇 번을 확인하라고 했어 안 했어. 차장 녀석이 이렇게 사소한 일도 제대로 못 챙기면 어떻게 해'라고 말하셨죠. 아, 저는 그때 문제를 해결하려고 정신이 없는데 상무님이 그리 말씀하시니 더더욱 정신이 혼미해지더군요."

그는 커피 한 모금을 마시고 계속 말을 이어갔다.

"아, 정말 망했다 싶었습니다. 그런데 전무님도 제 쪽으로 오셨어요. 뭔 일이냐고 묻기에 '프로젝터가 작동되지 않습니다'라고 답변을 드리니 '그럼 내가 시간을 좀 보내고 있을 테니 그때까지 한번 해봐라'라고 하시고는 포디움 쪽으로 가셨습니다."

강 차장은 빔프로젝터를 손보느라 경황이 없는 와중에 전무님은 한 말을 기억해내 내게 말했다.

"우리 회사의 전략을 재수립하기 위해 사장님을 위시하여 모든 임원님의 의견을 다 수렴하였습니다. 그 과정에서 지금 앞에 있는 강 차장이 많이 고생했습니다. 몇 밤을 새웠는지 입술도 터졌더군요. 격려의 박수를 한번 주셔도 좋을 듯합니다."

그러자 사장님과 임원들이 피식 웃으면서 박수를 쳐주었고 경직된 분위기가 다소 부드러워졌다. 전무님은 계속 말했다.

"저도 옛날 실무자 시절에 OHP 같은 기계가 말썽을 부려서 등줄기에 땀이 후줄근했던 기억이 납니다. 지금 되돌아봐도 정말 아찔합니다. 강 차장이 어제도 저에게 포인터 작동법을 알려주고, 여러 가지 점검을 다 한 거로 알고 있거든요. 그런데 기계라는 게 우리 맘 같지 않잖아요. 프로 젝터가 제대로 작동할 때까지 사장님과 임원님들, 구성원들이 함께 고민 한 과정들을 제가 말씀드리겠습니다."

다행히 전무님이 과정을 말하는 사이에 프로젝터가 정상 작동하였고 전략 발표를 마무리할 수 있었다. 발표가 끝나자 전무님은 웃는 얼굴로 어깨를 톡톡 치면서 "고생했네, 강 차장" 하고 별다른 말은 하지 않았다. 하지만 상무 직급의 팀장은 사무실로 돌아와서도 어지간히 잔소리를 했다.

그때 일화가 전략 본부 내에 싹 퍼졌다. 구성원들은 평소 전무님을 좋 아했는데, 존경심이 더 강해졌다고 한다. 그분이 하는 일이라면 무엇이든 함께하고 싶다고 말하는 구성원들이 많아졌다.

팬데믹 시대에 요구되는 리더십 ②
- 해바라기형 관리자의 종말, 파트너형 리더가 필요하다

앞서 살핀 대로 탁월형 리더는 구성원을 '동료'로 간주한다. 이는 곧 수평적 관계를 지향한다는 의미다. 탁월한 리더는 너와 내가 다를 바 없다고 가정 한다. 그들은 자신의 지위와 권력을 내세우지 않는다. 지위는 역할과 책임이 다름을 나타낼 뿐이며, 우월과 열등을 의미하지 않는다고 믿는다. 또 구성원 의 자발적인 의지를 믿는다. 그렇기에 구성원의 생각을 상시 경청하려 하며 그들의 의견을 존중한다.

일찍이 삼성그룹 이건희 회장은 1997년에 출간한 에세이 《생각 좀 하며 세상을 보자》에서 리더에게 이와 같은 태도가 필요함을 지적한 바 있다. 먼저 그는 권위와 권위주의의 차이를 구분했다. 권위는 지위에 관계없이 학식이나 능력, 인품이 뛰어나서 다른 사람들이 신뢰하게 만드는 힘을 말하지만, 권위주의는 지위와 권력을 내세워서 남을 억지로 찍어 누르려 하거나 지배하려는 태도를 의미한다. 그는 우리 사회에 권위보다 권위주의가 난무한다고 지적하면서 한탄했다.

"권위주의는 중앙집권, 군사 문화의 잔재로서 우리 주변에서 쉽게 접할 수 있다. 사무실 책상과 의자가 계급별로 차이 있어야 하고, 하다못해 의자 등받이라도 높아야 한다는 발상이 그것이다. 회의 시 토론은 실종된 채, 일방적인 상의하달식 지시사항만 쏟아지는 것은 이미 익숙한 풍경이다. 아랫사람은 전혀 신경 쓰지 않고, 상사에게만 굽실거리는 사람이 결과적으로 더 잘나가는 왜곡된 현상도 우리는 너무나 자주 본다. 지나친 형식과 격식에 집착하는 권위주의는 언로를 막고 독선을 가져온다. 지도층의 권위주의는 사회의 공적이라 할 수 있다."[79]

그와 같은 리더를 이건희 회장은 '해바라기형 관리자'라 불렀다. 구성원들에게 악명이 높지만 항상 해만 쳐다보는 해바라기처럼 상사만 바라보면서 일하는 관리자다. 이건희 회장은 산업화 시대에는 그와 같은 관리자가 인정을 받았지만, 지식정보화 사회에서는 조직을 망하게 하는 유형이라고 보았다. 앞으로 다가올 새로운 시대는 변화무쌍하기 때문에 구성원 개개인의 다양한 생각들을 화학적으로 융합하는 일이 핵심인데, 이를 가로막기 때문이라고 지적했다.

20여 년 전에 이건희 회장이 내다본 혜안이 오늘날 제대로 들어맞는 듯하다. 우리 모두가 코로나19 사태로 목도하고 있듯, 미래를 예측하는 일은 정말 어렵다.

경영학자 칼 와익(Karl Weick)은 이토록 불확실한 환경에서는 집단적인 센스 메이킹(sense making)이 중요하다고 주장했다.[80] 예상치 못한 일이 닥치면 그 일의 원인이 무엇인지, 어떻게 발생했는지, 그 여파가 어떻게 미칠지, 앞으로 어떤 방향으로 상황이 전개될지, 그래서 우리는 무엇을 어떻게 해야 하는지를 고민해야 한다. 이처럼 조직 내부와 외부에서 벌어지는 불확실하고 복잡한 문제를 명백하게 이해하려는 노력, 예측 불가능한 현상을 구성원 모두가 집단적으로 메이크 센스(make sense)하는 과정이 '센스 메이킹'이다.

특히 위기 상황에서 센스 메이킹은 더욱 중요해진다. 여간해서는 일어나지 않는 일이기 때문에, 위기가 닥치면 조직은 공황에 빠졌다가 차츰 상황을 이해하려고 애쓴다. 이때 센스 메이킹이 잘 안 되면 위기는 재앙이 된다. 반면 센스 메이킹이 잘되면 위기를 극복할 가능성이 커진다.[81]

조직은 어떻게 센스 메이킹을 잘할 수 있을까? 학자들은 현장에서 다양한 소스를 통해서 정보를 지속적으로 업데이트하라고 권고한다.[82] 여기에서 핵심은 바로 리더의 역할이다. 리더가 구성원들의 중지를 모아 집단적인 지혜를 극대화해야 한다.

그러자면 무엇보다 구성원을 함께 일하는 동료, 잠재력이 높은 파트너로 여기는 자세가 필요하다. 그래야 구성원들의 생각을 기꺼이 들으려 한다. 반면, 리더가 구성원을 열등한 존재 또는 가르쳐야 할 대상이라 간주하면 의식적으로는 구성원의 의견을 들어야 한다고 되뇌겠지만 한두 번에 그칠 뿐이다. 어리석은 구성원들의 의견을 들어봤자 시간 낭비라 여긴다.

온통 위기와 불확실성으로 점철된 이 시대에서는 더 이상 해바라기형 관리자가 설 자리가 없다. 권위를 내세워 부하를 굴복시키고, 권력을 행사하여 일방적으로 지시하는 관리 스타일은 그 수명이 다했다. 상시적으로 센스 메이킹을 하기 위해, 구성원들과 활발하게 대화하고 경영에 동참시키려는 자세가 더욱 필요하다.

탁월한 리더 특성 #3
성과-사람관리에 대한 가정이 다르다

세 번째 차이는 성과관리와 사람관리에 대한 가정이었다. 구성원이 리더의 강점을 기술한 내용을 분석하면 재미있는 패턴들이 보인다. 리더십이 좋지 않을수록 '모 아니면 도'와 같은 경향이 나타난다. 무슨 의미일까?

텍스트 분석에는 키워드들이 함께 얼마나 출현하는지를 보는 공출 분석이 있다고 했다. 다음 그림은 탁월한 리더의 강점을 묘사한 텍스트를 분석한 결과다. 빨간 원은 리더가 성과를 달성하기 위한 행동을 할 때 사용하는 표현이고, 회색 원은 구성원을 신뢰하고 배려하는 행동을 묘사하는 표현이다. 성과를 관리하는 행동(빨간 원)과 사람을 관리하는 행동(회색 원)이 함께 기술되는 경향이 두드러진다.

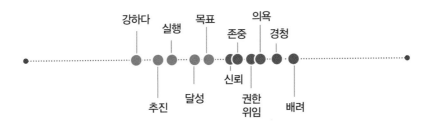

〈탁월한 리더 집단에서 성과-사람관리 단어가 함께 출현하는 정도〉

다음은 다른 집단의 강점을 공출 분석한 결과다. 양자 간의 키워드가 서로 멀리 떨어져 있다.

〈다른 리더 집단에서 성과-사람관리 단어가 함께 출현하는 정도〉

이 결과는 무엇을 의미할까? 어떤 리더들은 성과와 사람관리를 온전히 별개라고 생각한다. '둘 중에 하나만 제대로 하면 된다'는 식의 가정을 하고 있다. 그 논리는 각각 이렇다.

"회사는 성과가 우선입니다. 성과가 나야 회사도 존재하죠. 리더라면 무조건 성과를 내야 합니다. 저는 성과를 내는 데 온 힘을 다하고 있습니다. 성과 챙기기만에도 시간이 없어 죽겠습니다. 성과관리와 사람관리 중에 하나만 요구하십시오. 둘 중에 하나를 선택하라고 한다면 저는 성과를 택하겠습니다. 그게 회사의 존재 목적이니까요."

"리더는 사람이 우선입니다. 사람을 관리하라고 리더 자리를 만들어놓은 거죠. 리더가 덕이 있게 행동하면 구성원들이 따르게 되어 있습니다. 리더가 굳이 일을 챙기지 않아도 됩니다. 마치《삼국지》의 유비가 덕으로 대업을 이루었듯이 말입니다. 리더가 구성원을 존중하고 배려하고 잘 대해주면, 구성원들이 자신의 손으로 성과를 만들어냅니다. '행복한 직원이 성과도 높다'라는 연구도 있지 않습니까? 리더가 구성원들의 사기 진작에 집중하면, 의도한 목표보다 더 많은 성과를 거둘 수 있습니다. 둘 중 하나를 선택하라면 저는 당연히 사람을 선택하겠습니다. 사람을 남기는 리더가 최고입니다."

이들은 성과관리와 사람관리를 서로 상충적인 개념으로 가정한다. '모 아니면 도'의 접근이다.

이 경향성을 좀 더 직접적으로 측정한 결과를 살펴보자. 이 데이터를 이해하려면 사전 배경을 설명해야 한다. 로버트 퀸(Robert Quinn)과 킴 카메론(Kim Cameron)은 리더 유형을 성과지향, 관계지향, 변화지향, 관리지향으로 제시하고 유형 진단 도구를 만들었다. 구성원에게 상사의 리더십 유형을 평가하게 하고, 평점을 내는 방식이다.

귀하의 상사가 평소 발휘하는 리더십 행동을 잠시 떠올려주십시오. 그와 가장 유사하다고 생각하는 문항에 점수를 할당하여 4문항의 총합이 10점이 되도록 배분해주십시오.

[성과지향] 업무의 목표 달성을 중시하고, 성과를 지향하는 리더십을 보여준다. [   ]
[관계지향] 구성원을 배려하고 존중하는 리더십을 보여준다. [   ]
[변화지향] 새로운 영역에 도전하고 변화를 지향하는 리더십을 보여준다. [   ]
[관리지향] 통합과 안정을 중시하고 관리를 지향하는 리더십을 보여준다. [   ]

우리나라 기업들도 1990년대부터 리더십 유형 진단으로 널리 사용해왔다. 우리나라 대기업에는 어떤 유형의 리더가 많을까? 익히 예상하듯이 성과지향적 리더가 더 많다. 삼성전기에서 인사부서 임원을 역임했다

가 퇴직 후《삼성은 독종을 원한다》를 집필한 김기주 저자도 회사에 성과 지향 리더가 대부분이었다고 밝혔다.

다음 그래프는 내 데이터를 가지고 탁월형과 부족형 2개 집단을 비교한 결과다. 탁월한 리더들은 성과뿐만 아니라 사람도 균형 있게 챙기는 경향이 나타났다. 부족형은 사람관리는 등한시하고 성과만 챙기려 하는 경향이 있었다.

이런 현상이 우리나라에서만 나타날까? 아니다. 해외도 유사하다. 2008년 〈하버드 비즈니스 리뷰〉에 'The Uncompromising Leader'라는 제목의 기사가 실렸다.[83] 한국어판으로는 2014년, '불굴의 리더: 실적과 사람, 두 마리의 토끼를 잡아라'라는 제목으로 소개되었다. 한국어판 제목이 흥미롭다. 실적과 사람을 '두 마리 토끼'로 표현했기 때문이다. '두 마리 토끼를 잡으려다 한 마리도 못 잡는다'는 우리나라 속담에서 따 왔다. 이 기사의 첫 문단을 인용하되, 이해하기 쉽게 각색했다.

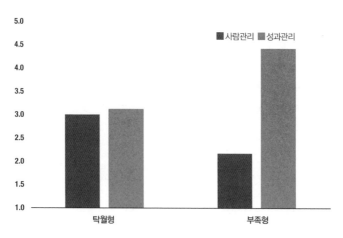

〈구성원이 관찰한 리더 유형별 성과─사람관리 행동의 정도〉

"경영자에게 가장 중요한 과제는 '성과'와 '사람' 간의 긴장(tension)을 제대로 관리하는 것이다. 기업은 우수한 가치를 시장과 고객에게 얼마나 잘 전달하느냐에 따라 생존이 좌우되는 경제 조직인 동시에, 조직 구성원들의 삶에 지대한 영향을 미치는 사회 기관이기도 하다. 그러나 둘 중 어느 한 가지 시각으로 조직을 바라보는 리더가 오늘날 너무나 많다."

이 기사에서는 탁월한 경영자들과 그렇지 못한 리더들을 비교했는데 탁월형은 공통으로 실적과 사람, 두 마리 토끼를 동시에 균형적으로 잡아낸다고 주장한다. 내 데이터에서 탁월형으로 분류된 리더들도 그랬다.

예전에 내가 모셨던 임원은 업무 추진력이 좋았다. 구성원을 그리 닦달하지 않았는데 일이 되게 만들었다. 굵직한 항목 중심으로 업무 진척 상황을 챙기고 그 과정에서 어려움이나 걸림돌은 무엇인지, 본인이 적극적으로 나서서 지원사격을 해야 할 일은 무엇인지를 살폈다.

또 그는 진중하고 품격이 있었다. 어느 날, 최고경영자 과정 수업 중 리더로서 개인 사명을 정리한 모양이었다. 사무실로 와서는 구성원들에게 개인 사명서를 공유했다.

"저는 리더로서 사람을 키우는 대지(大地)라고 제 역할을 정의하였습니다. 여러분들이 구상한 바를 다 펼칠 수 있도록, 마음껏 뛰어놀 수 있도록 적극적으로 지원하겠습니다."

그러고는 주기적으로 구성원들과 면담하면서 어떤 일을 시도해보고 싶은지 파악하고, 조직의 방향에 부합된다고 판단하면 추진해보도록 지원했다. 그 과정에서 아이디어를 내고, 본인을 하나의 자원으로 적극적으로 이용하라고 독려했다. 성과와 사람, 사람과 성과를 동시에 잡았던 리더였다.

탁월형 내에서도 사람마다 차이는 있는 듯했다. 하나는 '성과가 중요하다, 그러나 그만큼 사람도 중요하다'라는 태도, 다른 하나는 '사람이 중요하다, 그러나 그만큼 성과를 챙기는 일도 중요하다'라는 가정이 있었다. 미묘하지만, 어쨌든 성과와 사람관리를 동시에 중시하는 태도이긴 했다.

정리해보자. 데이터를 기반으로, 지금까지 내가 발견한 탁월한 리더의 차별적 특성은 세 가지였다.

첫째, 환경에 대한 가정이 달랐다.
둘째, 구성원에 대한 가정이 달랐다.
셋째, 성과-사람관리 간의 관계에 대한 가정이 달랐다.

팬데믹 시대에 요구되는 리더십 ③
– 이분법을 넘은 새로운 사고관이 필요하다

탁월형 리더는 사람관리와 성과관리를 따로 구분하지 않는다. 불가분의 관계이자, 합치된 개념으로 가정한다. 반면, 다른 유형의 리더는 두 개념이 트레이드오프, 즉 그중 하나만 선택하는 것이라 여긴다. 이들은 왜 그렇게 생각할까?
내가 축적한 데이터의 한계로 추가 검증은 하지 못했지만, 내 가설은 이렇다.

비단 '성과-사람관리 가정'에 국한된 게 아니라, 사고방식 그 자체에 차이가 있는 건 아닐까? 이들의 사고방식이 사람과 성과관리 이슈에 투영된 결과가 아닐까?

내 관찰에 의하면 대부분 '이분법 사고'에 매몰된 경우가 많았다. 내가 만난 어느 CEO는 대뜸 내게 이렇게 질문을 했다.

"성과는 좋지만 인성이 좋지 않은 사람, 반면에 인성은 좋지만 성과는 안 나는 사람 중에 어떤 사람을 뽑아야 합니까? 답을 찾기 어려워서 골치가 아픕니다."

전형적인 이분법 사고다. '모 아니면 도', '이거 아니면 저거' 식의 생각이다.

이분법 사고는 사물을 양극단의 개념으로만 인식한다. 남과 여, 양과 음, 빛과 어둠, 선과 악, 천사와 악귀 등과 같이 짝을 지어 세상을 본다. 혹자는 태초부터 인류가 생존해 나가는 과정에서 이분법 사고가 고착되었다고 주장한다. 온갖 잡목이 무성한 숲에서 갑작스레 정체불명의 생명체를 만났을 때 그게 나에게 해가 되느냐 아니냐, 아군이냐 적군이냐를 빠르게 판단해야만 살 수 있으니 말이다.

이처럼 이분법 사고는 인류의 생존 가능성을 높여준 수단이다. 또 원시인이 가진 적은 두뇌 용량으로 다차원의 복잡한 세상을 이해하도록 도와준 사고 양태다.

그런데 수천 년간 인간의 '생존 가능성'을 높여준 이분법 사고가 이제는 인간의 생각을 제약해 '성장 가능성'을 낮춘다. 인간이 두 눈으로 볼 수 있는 시야각인 180도를 축소시켜 불과 몇 십 도 이내만 보게 만든다. 좌파냐 우파냐, 남성이냐 여성이냐, 구세대냐 신세대냐, '모 아니면 도'의 세계로 사람을 구겨 넣는다. 이분법 사고에 머물러 있는 한, 그의 세계는 좁쌀 크기를 벗어나지 못한다.

앞에서도 말했지만 오늘날의 세상은 VUCA로 특징 짓는다.

변동성(Volatility), 불확실성(Uncertainty), 복잡성(Complexity), 모호성(Ambiguity)이 크다는 의미다. 나는 이를 '기존의 논리 체계로는 더는 설명되지 않는 세상'이라 풀어서 말하곤 한다. 원인과 결과가 명확한 단선적 세상, 논리를 가지고 순차적으로 풀어나갈 수 있는 세상이라면 VUCA라는 단어가 탄생하지도 않았을 것이다. 인간 역사상 가장 당혹스러운 시기가 도래했다. 전혀 상상하지 못한 기술이 탄생하고, 또 기존에 굳건했던 사업 간에 곳곳에서 이종교배가 벌어진다. 우리가 사는 세상, 시장은 더 이상 논리적이지 않다.

더구나 코로나19 바이러스는 기존 세계 질서를 급격히 허물어뜨리고 있다. 코로나19 이전을 BC(Before Corona) 시대라 하고, 이후를 AC(After Corona)라 할 만큼 시대적 국면이 완전히 달라지고 있다. BC 시대까지만 해도 글로벌화가 속도전을 벌였다. 일례로, 유엔 세계관광기구(UNWTO)에서 2018년에 발표한 자료에 따르면 전 세계 해외 관광객이 14억 명을 돌파했다. 전 세계 인구의 1/4이 매년 다른 나라로 여행했다는 말이다. 그런데 AC 시대는 다시 폐쇄적인 세상으로 돌아가고 있다. 이처럼 거대한 변화의 흐름에서 기존의 굳건한 사고방식으로 세상을 보면 어찌될까? 경쟁우위를 만들어내기 어렵다. 아니, 더 이상 생존하기 어렵다.
새로운 세계가 도래했다. 그에 맞는 새로운 사고방식이 필요하다. 가장 먼저 할 일은 기존의 굳건한 이분법 사고의 적극적 거부다. 미국의 소설가 스콧 피츠제럴드(F. Scott Fitzgerald)가 최고의 '지성은 서로 상반된 개념을 공존하게 하는 능력'이라 말한 것처럼 말이다.

The Secret of Highly Successful Leaders

7장

탁월성을
추구해보자

The
Secret of
Highly
Successful
Leaders

**탁월성을
추구해보자**

우리도 탁월한
리더가 될 수 있다

리더의 길을 걷고 있다면 탁월성을 추구해보자. 그 옛날 뱃사람은 북극성을 보며 길을 찾았다. 하늘 높이 떠 있는 북극성에 다다르고자 함이 아니었다. 가려는 목적지를 제대로 찾고자, 헤매지 않고 정진하고자 북극성을 찾았다. 탁월성도 그와 같다. 탁월성에 온전히 이를 순 없어도 리더로서 소임 완수에 지침이 된다.

탁월성을 북극성으로 삼고, 더 나은 리더가 되기 위해서 무엇을 해야 할까? 이를 검토하기 전에 먼저 점검해야 할 질문이 있다.

"리더십은 과연 개발될 수 있을까?"

만일 아니라고 믿는다면 이후에 전개되는 내용은 아무 쓸모가 없다. 리더는 타고난다, 리더십은 변하지 않는다고 믿는 사람은 눈과 귀를 닫기 때문이다.

앞서 우리는 '사람은 변하지 않는다', '사람은 변할 수 있다'라는 논쟁이 무의미함을 고찰했다. '사람'이라는 한 단어로 70억의 인간 개체를 지나치게 단순화했기 때문이다. 이는 인식의 오류를 범하게 한다. 변하지 않는 사람도 있고 변하는 사람도 있다.

또 우리는 세종대왕과 정창손의 논쟁을 통해 고정이론과 성장이론을 살폈다. 성장이론을 지향하는 이들이 자신과 세상을 바꾸어 나갈 가능성이 더 크다. 독자 여러분은 어떤 이론에 눈을 두려 하는가.

나는 우리 사회가 성장이론을 지향해야 한다고 믿는다. 우리나라는 이렇다 할 자원이 없다. 가진 것이라곤 사람밖에 없다. 정창손처럼 인간이 태어난 대로 행한다고 믿는다면 더는 우리나라의 미래가 없다. 세종대왕처럼 그 누구라도 바뀔 수 있고 성장할 수 있다고 믿어야 한다. 리더를 보는 눈도 마찬가지다.

어떤 리더는 불과 1~2년 사이에 크게 바뀐다. 물론 천지개벽 정도로 사람이 180도로 바뀌는 경우는 매우 드물다. 타고난 본성이 있기 때문이다. 어려서부터 예민한 사람은 리더가 되어도 그 성격이 리더십 스타일에 그대로 묻어난다. 토양과 씨앗에 따라 다양한 종류의 리더십 꽃을 피운다. 그 씨앗의 본질이 달라지기는 어렵다. 다만 리더로서 생각이 깊어지고 시야가 넓어지고 행동의 차원이 달라질 수는 있다.

특정 시점에 측정된 리더십 점수(T1: 시점 1)와 2~3년 후에 측정된 리더십 점수(T2: 시점 2)를 보유한 리더들의 데이터를 모아 T1과 T2 사이에 큰 폭으로 달라진 집단을 추렸다. 이를 분석해보니 공통적인 패턴이 있었다. 이들 중 상당수는 그동안 '도전적인 경험'을 겪었다는 점이다. 회사의 전략 방향을 크게 바꾸는 일에 참여했거나, 다른 회사를 인수하는 일을 처음부터 끝까지 수행해보거나, 어렵고 힘든 구조조정을 했거나, 신규 사업을 추진하면서 맨땅에 헤딩하는 심정으로 일하거나, 자기 전문성과는 전혀 무관한 사업을 맡은 경우도 있었다. 그 과정에서 아마도 멘털 붕괴에 빠지는 경험을 하지 않았나 싶다. 좀 더 고상하게 표현하면 '멘털 모델에 화학적인 변화가 왔다'라고 할 수 있다. 세상을 보는 관(觀)이 달라진 것이다.

사람이 안전지대, 즉 익숙한 환경에 오래 있다 보면 세계관이 고착된다. 이로 인해 '도그마(dogma)'가 생긴다. 이성적인 비판이 허용되지 않고 '이건 이래야 해', '저건 저래야 해'라는 아집이 굳게 자리 잡는다. 자기 확신이 지나치게 강해진다.

그 도그마에 빠지면 부하 구성원의 직언은 뭘 모르는 소리요, 동료의 조언은 날 견제하려는 말에 지나지 않는다. 리더십 개발 프로그램에 참여해도 강사가 현실을 잘 모르고 하는 소리고, 우리 회사는 그런 리더십이 먹히지 않는다고 고개를 돌린다. 그런데 환경이 크게 뒤바뀌면 기존의 군건한 사고관과 행동양식에 자꾸 어긋장이 난다. 자신이 알던 방식이 더는 올바른 답이 아님을 알게 된다. 그때부터 새로운 해법을 찾는 여정이 시작된다.

나도 최근에 그와 같은 일을 겪었다. 최근에 대기업은 스타트업의 민첩한 움직임을 부러워했다. 그들의 문화를 배워 대기업에 이식해야 한다는 목소리가 있었다. 나는 대기업 소속의 연구자로서 그들의 문화가 궁금했다. 그래서 에듀테크(edu tech), 최첨단 기술을 활용한 교육산업에서 회사를 창업한 어느 대표를 다짜고짜 연락해서 만나달라 했다. 그와 대화해보니, 스타트업은 내가 알던 경영학 이론이 전혀 통용되지 않는 세상이었다. 대기업 중심의 인사제도는 스타트업 세상에서는 무용지물이었다.

그들이 발휘해야 하는 리더십도 다소 결이 달랐다. 불과 3~4시간 만에 나는 정신적 혼란에 빠져 허우적댔다. 이후 스타트업 세상을 탐구하는 일에 온전히 빠져들었다. 그 결과, 내가 리더를 보는 눈, 조직을 조망하는 시각, 리더를 바라보는 관점이 크게 확장되었다. 또 인간과 구성원을 나는 어떤 존재로 가정해야 하는지도 다시 한 번 재검토할 수 있었다.

그래서 경험주의 학자들은 도전적인 경험을 의도적으로 리더들에게 부여하는 방식이 가장 효과적이라 주장한다.

어느 다국적 기업의 사례를 잠시 살펴보자. 일반적으로 아프리카, 특히 사하라 사막 인근 국가들에서는 사업 기회가 별로 없다고 생각한다. 워낙 환경이 척박하기 때문이다. 그런데 이 기업의 회장은 세계가 저성장 기조에 빠져들었기에 아프리카가 더욱 크게 성장할 가능성이 있다고 보았고 아프리카에서 사업 기회를 찾아내도록 리더들을 독려했다. 리더십 개발 프로그램도 그것에 맞게 설계되었다.

전 세계 주요 계열사의 전무나 부사장과 같은 고위 리더를 아프리카로 불러 모았다. 참가자들은 마케팅, 재무, 전략 부서 책임자일 뿐만 아니라 에너지, 헬스, 의료, 항공, 교통 분야의 최고 전문가이기도 했다. 이들이 한데 모여서 무엇을 했느냐고? 열악한 의료 시설에 직접 가서 환자들을 만나고 원주민들과 함께 땅을 파고 벽돌을 만들어 본인이 묵을 집도 만들어 보았다. 그렇게 아무것도 갖춰지지 않은 마을에서 며칠 밤을 묵었다. 멘붕 상태에 빠질 수밖에 없는 경험들을 하며 자신이 기존에 알던 해법이

틀릴 수도 있다는 걸 배우고 깨달았다. 이처럼 굳건하게 닫힌 사고관이 어떤 자극으로 인해 깨어지고 재조합되는 과정에서 사람은 성장한다.

그와 같은 도전적인 경험을 리더 스스로 의도적으로 찾아 겪어볼 수 있을까? 가능하다. 일단 다양한 경험 중 무엇이 나에게 도전적으로 다가오는지 살핀다. 이를 위해 경험주의 학자들은 X축과 Y축으로 된 기본 프레임을 제안한다.

Y축은 '강도(intensity)'다. 예전보다 더 높은 수준의 기대치를 받거나, 성과 요구를 받는 상황을 의미한다. 이들 경험은 개인 성장에 이바지하는데, 심리적으로 압박을 받는 상황에서 어려운 과제를 해결하기 위해 몰입하기 때문이다. 경험주의 학자 마크 키질로스(Mark Kizilos)는 심리적인 압박을 유발하는 요소를 다음과 같이 정리했다.[84]

① **시간 압박:** 납기 기한 또는 프로젝트 기한이 매우 짧아 시간적 제약이 큰 경우. 지연되거나 기한을 넘기게 되어 많은 비용이 발생할 때

② **책임 범위:** 아이디어의 시작부터 계획, 실행, 결과 평가까지 전체 프로세스를 책임지는 경우

③ **리스크:** 실패하였을 경우 재무적인 위험뿐만 아니라, 개인의 명성에도 큰 피해가 올 수 있을 때

④ **영향력:** 일이 조직의 생존, 이익, 성장에 중요한 경우

⑤ **가시성:** 일이 조직 내 고위급 사람들 또는 많은 사람에게 주목을 받을 때

이 중 두 가지 요소만 실제 경험과 함께 살펴보자. 많은 리더를 대상으로 "직장생활을 하면서 업무적으로 크게 성장하게 된 계기가 있다면 그것은 무엇입니까?"라는 질문을 던졌다. 그 응답 중 몇 가지를 골라보았다.

리더 A는 이렇게 말했다.

"제가 기획팀에서 일하던 과장 시절이었습니다. 우리 회사가 경쟁사를 인수·합병하려던 중이었습니다. 그러다가 어그러져버렸고 팀은 해체되었지요. 몇 개월 후 외부에서 인수·합병 전문가를 임원으로 영입했고 팀원은 사내에서 선발한다는 소문이 돌았어요. 며칠 후, 저는 그 팀으로 발령을 받았습니다. 제가 숫자에도 밝고 빠릿빠릿하다는 세평 때문이었나 봅니다. 우리 팀은 6개월 안에 뭔가를 보여줘야만 했습니다. 회장님이나 사장님도 지대한 관심을 가지고 계셨고요. 그래서 1~2주에 한 번씩 진척 상황을 보고드려야만 했습니다. 제가 직접 회장님과 사장님께 브리핑한 경우도 여러 번이었습니다. 정말로 미친 듯이 힘들었지만, 뒤돌아보니 그 경험으로 제가 엄청나게 성장해 있더군요."

A를 성장시킨 요소 중 하나는 '시간 압박'이었다. 6개월 안에 경영진에게 성과를 보여야 한다는 강한 압박이 있었다.

또 하나의 요소는 '가시성'이다. 그 회사 회장과 사장이 회사에 중요한 일이라 판단하고, 직접 보고를 받고 있었다.

X축은 '확장(stretch)'이다. 기존에 익숙했던 환경을 벗어난 정도를 의미한다. '강도'가 자신이 비교적 익숙한 분야나 환경에서 온 힘을 다해야 할 상황이었다면 '확장'은 매우 낯선 상황을 의미한다.

예를 들어, 평생 IT 기술자로 일해오던 사람이 영업부서 회의에 참석하게 되었다고 해보자. 그는 매우 생소한 용어를 들을 테고, 익숙하지 않은 상황을 접할 것이다. '나는 누구인가, 여긴 어디인가, 나는 무얼 하고 있나'라는 질문을 던지며 혼란스러워할지 모른다. '확장'을 구성하는 요소들은 다음과 같다.

① **관계:** 나와는 다른 가치관, 사고관을 가진 사람들과 함께 일할 때
② **지식:** 익숙하지 않은 지식을 가지고 일을 해야 할 때
③ **기술:** 그 일을 어떻게 수행해야 하는지 전혀 알지 못할 때
④ **상황:** 전혀 다른 기능, 부서, 영역 또는 맥락, 문화 속에서 일해야 할 때

이번에도 역시 '업무적으로 크게 성장한 계기'에 리더들이 응답한 결과 중에서 몇 가지를 살펴보자.

리더 C는 자신의 주요 전공이나 경력과는 무관하게 갑작스럽게 해외 지사로 발령을 받았다. 회사에서 나름 승승장구했던 그였기에, 너무도 혼란스러웠고 이게 말로만 듣던 '좌천'이 아닌가 싶었다.

눈에서 멀어지면 마음에서도 멀어진다는 말처럼, 회사라는 정글도 그렇다. 척박한 해외에서 몇 년 구르면 자신을 예뻐하던 상사들도 자신을 잊을 가능성이 컸다.

바로 직속 팀장에게 달려갔다. 팀장은 본인 의견을 낼 수 없었던 의사결정이었다며 바로 위 상무님보다는 전무님을 찾아뵈라고 했다. 전무님과 면담을 신청하니, 단박에 거절당했다. 회사는 출국까지 3주의 시간만

주었다.

결국 그는 좌천에 가깝게 해외 지사로 나갔다. 도착해서 업무를 파악해 보니 그곳은 완전히 다른 세계였다. 문화가 다르다 보니 기존에 알던 모든 관행이 무용했다. 중요한 사업 파트너에게 선물을 고르고 건네는 방식도 달랐다. 현지 채용인에게 업무 지시를 할 때도 유의해야 할 점을 익혀야만 했다. 노동법도 한국과는 달랐기 때문이다. 그렇게 2년을 정신 해체 수준으로 지냈다. 그때를 회상하면서 C는 이렇게 말했다.

"한국에서 잘나갈 때는 정말 제가 잘난 줄 알았습니다. 제가 손대기만 하면 다 이룰 수 있다고 믿었습니다. 해외 지사에 발령을 받고 겸손을 배웠습니다. 완전히 다른 세상이더군요. 세상은 넓고 배울 일은 많고, 할 수 있는 일도 많다는 걸 알았습니다. 글로벌 마인드가 필요하다고 귀에 딱지가 앉게 들었는데, 정말 다양성을 포용하는 자세를 직접 체득하는 일이 중요함을 깨달았습니다."

그는 3년 만에 본사로 복귀하라는 발령을 받았다. 나중에 알고 보니 회사는 그를 경영자로 키우려고 일부러 도전적인 시련을 부여했던 것이었다. 당시 회사는 미래 경영자 후보감이라면 이해하기 어려운 시련에 직면했을 때 군건하고 의연하게 이겨낼 수 있어야 한다고 보았다. 그 과정에서 그가 크게 성장할 것으로 생각했다. 회사는 아무런 배경 설명 없이 인사 발령을 냈을 때 그가 어떤 태도로 그 일을 해석하는지, 해외 지사에 나갔을 때 어떤 자세로 일하는지를 주의 깊이 관찰하고 있었다.

C의 경험을 분석해보자. 그는 다른 가치관과 사고관을 가진 사람들과 함께 일해야만 했다(관계). 기존과는 전혀 다른 지식도 쌓아야만 했다(지

식). 또 그 업무를 어떻게 수행해야 하는지 알지 못했고(기술), 전혀 다른 문화 속에서 일해야만 했다(상황).

마크 키즐로스는 X와 Y축을 조합해 총 네 가지 경험 유형을 제시했다.

첫 번째 유형은 수행(delivering)이다. 새롭지도 않고, 성과 압박도 받지 않는 경험으로 일상적인 일들이 이 유형에 속한다.

두 번째는 마스터(mastering)이다. 현재 자신이 가진 역량을 최고치까지 끌어올리는 데 이바지하는 경험으로 전문가들이 자기 분야에서 가장 도전적인 일을 부여받은 상황을 의미한다.

셋째는 넓히기(broadening)다. 강도는 그리 세지 않지만 익숙하지 않은 일을 경험해보는 것이다. 이들 경험은 조직 내에서는 겪기 어렵다. 조직은 그 존재 자체가 필연적으로 성과지향적이다. 그렇기에 성과에 연연하지

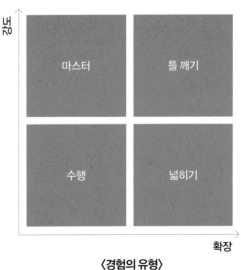

〈경험의 유형〉

않고 색다른 경험을 갖기란 쉽지 않다. 대부분 가외 시간에 기존 전문성과는 관련이 없는 일을 찾아 경험해볼 수 있다. 마케팅 전문가가 재무 공부를 하든지, 데이터 과학자가 심리학을 취미로 공부하는 일이다.

마지막은 틀 깨기(Frame Breaking)다. 가장 도전적인 경험으로, 강도와 확장이 동시에 크게 요구된다. 이런 부류의 경험이 과연 존재할까?

이즈음에서 한 가지 짚어야 할 문제가 있다. 경험은 매우 주관적인 영역으로 어떤 사람에게는 회사 전략을 수립하는 일이 '틀 깨기'가 될 수 있지만, 어떤 사람에게는 '마스터'일 수 있고, 심지어 '수행'에 불과할 수 있다. 또 도전적인 경험을 겪어도 모든 사람이 환골탈태하듯 발전하지는 않는다. 똑같은 경험 자극에 노출되어도 사람들의 반응은 서로 다르기 때문이다.

〈개그 콘서트〉를 보면서 어느 개그맨의 대사에 깔깔대고 웃는 사람이 있지만, 무표정으로 그게 왜 웃긴지 모르겠다는 사람도 있다.

어쩌면 경험은 주관성이 강하기에 더 아름다운지도 모른다. 아주 작은 일로도 깨달음을 얻어 크게 성장할 수 있으니 말이다. 키즐로스가 정의한 '틀 깨기'에 완벽히 부합되는 사례는 아니지만, 나는 원효대사와 해골물을 자주 예로 들곤 한다.

신라 시대, 40세의 원효대사는 의상 스님과 같이 중국 유학길을 떠난다. 당시 당나라에는 인도에서 도를 닦고 돌아온 현장법사가 중생에게 불도를 설파하고 있었다. 원효대사는 그에게 대승불교의 한 학파인 유가행파(Yogacara Thought)를 배우고 싶어 했다.

어쩌면 원효대사에게는 중국 유학길이 '틀 깨기' 경험이었을지 모른다. 그는 오랫동안 불교를 숭앙하면서 도를 닦아왔고 스스로 높은 기준을 설정해 한 단계 더 높은 깨달음을 향해 정진하려 하였다(강도 축). 이를 위해 안전지대를 벗어나서 언어와 문화가 다른 당나라로 유학을 가는 길이었다(확장 축).

경주를 떠나 수원에 이르렀을 때 갑자기 비가 내렸다. 마침 날도 저무는 무렵이라 시야가 캄캄해졌다. 둘은 근처에서 발견한 움집에 들어가 하룻밤을 묵기로 했다.

자던 중에 원효대사는 심하게 목이 말랐다. 캄캄한 밤에 혹시나 하고 주변을 더듬어봤다. 마침, 물이 담긴 바가지가 손에 잡혔다. 그 바가지를 들고 벌컥벌컥 물을 마시고 다시 잠이 들었다.

날이 밝아 잠에서 깨어난 원효대사는 깜짝 놀랐다. 새벽에 마셨던 바가지 물이 사실은 해골에 고인 썩은 물이었던 것이다. 주변을 둘러보니 그들이 묵은 곳은 움집이 아니라 옛날식 무덤이었다. 지하에 방을 만들어놓고 망자를 눕힌 다음, 그가 평소에 사용하던 물건을 같이 놓는 풍습이 있던 고장이었다. 원효대사와 의상은 그게 고총인지 모르고, 사람이 살다가 버린 움집으로 착각했던 것이다.

해골물이었음을 알게 되자 원효대사는 마음이 몹시 불쾌해졌다. 창자가 뒤틀리면서 토할 듯한 기분이 들었다.

그 순간, 원효대사의 세계관이 크게 변형되었다. 말 그대로 세상을 관조하는 프레임이 깨어지는 경험을 하게 된다. 목이 마른 상태에서 모르고 마셨을 때는 물이 그토록 달콤하더니, 그게 해골물이었다는 것을 알자 구토가 몰려왔다. 해골도 그대로요, 그 안에 고인 썩은 물도 그대로인데, 자신의 인식과 마음만 달라졌을 뿐이었다. 그로 인해 내가 세상을 어떻게 인식하느냐에 따라 실제가 달라질 수 있음을 깨달았다. 이 경험으로 원효대사는 이런 유명한 말을 남긴다.

"진리는 결코 밖에서 찾을 것이 아니라, 자기 자신에게서 찾아야 한다."

어떤 학자들은 '촉루수(髑髏水)', 즉 해골에 고인 빗물을 통해 깨달음을 얻었다는 '촉루설'이 허구이고 후대에 각색된 이야기라고 지적한다.[85]

진위가 어떻든지 간에, 이 일화가 우리에게 주는 의미는 명확하다. 경험은 어디까지나 주관적이다. 정확히 말하면, 특정 사건의 발생은 객관적인 사실이지만, 이를 받아들이고 해석하는 과정은 철저히 주관적이다. 따라서 작은 경험으로도 큰 깨달음을 얻을 수 있고, 큰 경험에서도 아무것도 배우지 못할 수 있다.

리더가 자신을 개발하는 일도 그와 같다. 성장에 누가 보아도 크고 강렬한 경험이 필요한 것은 아니다. 원효대사는 하룻밤의 작은 일 하나로 크게 성장했다. 그는 남들이 보기에 더 그럴 듯하고 가치 있는 '당나라 유학'을 과감히 포기하고 다시 경주로 돌아갔다.

우리는 바뀔 수 있다. 성장하고 발전할 수 있다. 경험의 힘을 믿어보자.

바뀔 수 있다,
유한성을 자각하자

스탠퍼드 대학교 심리학과 로라 카스텐슨(Laura Carstensen) 교수는 TED에 출현해서 노인이 더 행복하다는 연구 결과를 발표한 사람으로 유명하다. 국내에서는 하버드 보건대학교 의사인 아툴 가완디(Atul Gawande)가 저술한《어떻게 죽을 것인가》에서 그녀를 소개하여 인지도가 높아졌다.[86] 그녀의 연구와 관련된 이야기를 해보겠다.

내가 만난 리더 중에 단기간의 목표 달성에만 눈이 매몰되지 않고 저 높이 하늘에서 조직과 자신을 보는 사람들이 있었다. 때로는 인생을 달관한 듯 보이는, 깊이 있는 통찰로 조직을 한 단계 발전시키는 리더들이었다. 이들에게 관찰되는 한 가지 공통점이 본인, 배우자, 자녀 건강에 좋지 않은 일들이 있었다는 것이었다. 죽음 가까이로 간 사람들에게서는 독특한 삶의 자세가 묻어난다. 이를 논리적으로 설명하기 어려웠는데, 카스텐슨 교수의 연구로 풀어낼 수 있었다.

그녀의 연구를 설명하려면, 그녀의 청년 시절부터 언급해야 한다. 스물한 살 되던 1974년에 그녀는 엄청난 일을 겪는다. 일찍 결혼했던 터라 갓난쟁이가 있었지만, 결혼은 파탄 지경에 이르러 이혼 절차를 밟는 중이었다. 그러던 어느 날, 친구들과 파티에 갔다가 술에 잔뜩 취한 친구가 운전하는 폭스바겐 미니버스에 탔고 아슬아슬 곡예 운전을 하다가 결국에는 고속도로 옆으로 차가 굴러떨어졌다. 카스텐슨의 뼈는 모두 작살이 났고 심각한 머리 부상을 입었으며 3주간 생사를 넘나들다 가까스로 삶을 붙

잡았다. 아툴 가완디와 인터뷰하면서 그녀는 이렇게 소회를 밝혔다.[87]

"죽음에 얼마나 가까이 다가갔는지를 깨달을 만큼 몸이 회복되고 나니, 내게 중요한 걸 보는 눈이 굉장히 달라졌어요. 중요한 것은 내 삶에 존재하는 사람들이었어요. 스물한 살 때였죠. 그전까지만 해도 내 머릿속에는 온통 이런 생각뿐이었어요. '이 일 다음에는 무얼 하며 살아야 할까? 어떻게 하면 성공 혹은 실패를 하게 될까? 완벽한 인생의 동반자를 만날 수 있을까?' 스물한 살짜리가 할 만한 전형적인 생각들이 꼬리에 꼬리를 물었죠. 그런데 갑자기 궤도에서 이탈해 죽은 듯이 멈춘 것 같았어요. 내게 중요하게 여겨졌던 것들에 대해 생각해봤는데, 이전과는 굉장히 다른 것들이 크게 느껴지기 시작했지요."

그녀는 1년이니 병상에 누워 있어야만 했다. 그동안 입원한 할아버지와 할머니들과 친해지는데, 그녀는 크게 다치고 난 이후 자기가 느끼고 생각하는 바가 그들과 사뭇 비슷하다는 걸 깨달았다. 스물한 살짜리 소녀의 눈이 아니라, 인간의 유한함을 심각하게 자각한 나이 든 사람의 눈으로 생을 관조하고 있었다.

건강을 회복하고 15년 후 그녀는 심리학 박사 공부를 했고 어릴 적 경험을 토대로 하나의 가설을 세웠다. 사람이 자기 삶의 유한성을 얼마나 심각하게 자각하느냐에 따라, 일상을 어떻게 보내고 싶어 하는지가 달라진다는 주장이다. 그녀는 이 가설에 '사회정서 선택 이론(socioemotional selectivity theory)'이라는 특이한 이름을 붙였다.[88]

그녀의 연구를 한마디로 집약해보면, 인간에게 주어진 시간이 짧다는 점을 자각할 때 삶의 목표와 자세, 행동이 완전히 달라진다는 점이다. 그래서 그녀의 논문 중 한 편의 제목은 〈시간을 심각하게 받아들이기(taking time seriously)〉였다.[89] 후에 그녀의 이론을 상징적으로 보여준 인물이 스티브 잡스다. 그는 스탠퍼드 졸업식 축사에서 이런 말을 남겼다.

"저는 1년 전쯤 췌장암 진단을 받았습니다. 주치의는 집으로 돌아가 신변정리를 하라고 했습니다. 죽음을 준비하라는 의사의 간접적인 표현이었습니다. (중략) 저는 마취 상태였는데 당시 곁에 있던 아내가 말해주기를 의사들이 현미경으로 세포를 관찰하면서 갑자기 소리를 질렀다고 하더군요. 그것은 수술로 치료가 가능한 매우 희귀한 종류의 췌장암이었기 때문입니다. 저는 수술을 받았고, 지금은 다행히도 멀쩡합니다. 그때만큼 제가 죽음에 가까이 직면해본 적은 없는 것 같습니다. 이런 경험을 해보니 죽음이 때론 유용하다는 것을 머리로만 생각하고 있을 때보다 더 확실하게 말할 수 있습니다. (중략) 여러분의 시간은 한정되어 있습니다."

우리 주변에서도 이런 모습을 종종 볼 수 있다. 내가 만난 한 리더는 이렇게 말했다.

"직장생활을 20년간 하다가 어느 날 쓰러졌습니다. 병원에 가서 정밀 진단을 했더니 암 2기라고 하더군요. 문득 인생이 허무해졌습니다. 무엇을 그리 움켜쥐려고 아등바등 살아왔는지 후회되더군요. 부하들에게는 또 어찌나 까다롭고 독하게 굴었는지…. 내일 지구가 멸망하더라도 사과 한 그루를 심겠다는 말처럼, 오늘 하루를 치열하게 열심히 살아야 하지요. 다만 후배들과 부하들에게 철저함을 요구하면서도 표현 방식을 좀 달리했으면 어땠을까, 그들의 마음을 아프게 하지 않으면서도 우리가 하고자 하는 목표를 잘 달성해낼 수 있었을 텐데 하고 후회가 남습니다."

또 다른 리더는 이렇게 말했다.

"직장생활을 23년간 했습니다. 회사 업무에 온 힘을 바쳐왔기에 회사 내에서도 탁월한 엔지니어로 인정을 받았지요. 어느 날 암 4기 진단을 받았습니다. 그 과정에서 내가 무엇을 위해 달려왔는지, 제 인생을 다시 돌아보게 되었습니다. 지금은 건강이 많이 좋아졌습니다. 요즘 회사 다니면서 주로 고민하는 바는, 물론 회사에 속해 있으니 맡은 소임을 다하는 방법을 고민합니다. 동시에, 나와 주변 사람들의 행복과 어떻게 균형을 맞출까 생각합니다. 암을 발견하기 전에는 무조건 성과, 성취, 목표지향적인 삶을 살았다면 지금은 성과와 사람, 삶의 가치를 함께 고려합니다."

사람의 유한성을 자각하면 구성원을 대하는 태도가 크게 달라진다. 사람을 목표와 성과를 위한 수단이 아니라, 존엄한 존재 자체로 대한다. 내면에서 가치관이 달라졌기 때문이다. 또 회사를 보는 눈도 바뀐다. 매일 성과를 내는 데 급급해하는 '터널 시야'에서 벗어나 나란 사람, 주변 동료, 우리 조직을 관조하는 시간을 갖기 때문이다. 아래쪽만 보던 눈이 이제는 하늘을 본다. 그래서 보다 큰 그림을 그려낼 수 있다.

이처럼 죽음, 유한성 자각은 인간에게 큰 교훈을 준다. 하지만 그 교훈을 얻기 위해 억지로 자신을 죽음에 이르게 할 수는 없다. 일부러 병에 걸릴 수도 없는 노릇이다. 유한성이 우리에게 주는 교훈을 얻고자 한다면, 다음 두 가지를 검토해보자.

① **2~3년 내로 죽게 되는 시한부 삶을 살고 있다고 가정해본다:** 내가 정리해야 할 것들은 무엇인가? 가족에게는 무엇을 남겨야 하는가? 회사에서는 어떤 리더로 기억되고 싶은가? 마지막 눈을 감을 때, 회사 임직원 중에 어떤 이들이 찾아와주길 바라는가?

② **2년 후에 정년 퇴임식을 치른다고 가정해보자:** 마지막 2년 동안 어떤 족적을 남긴 리더가 되고 싶은가?

리더로서
진실의 순간을 연습하자

'4장 대중은 리더를 어떻게 생각할까'에서 얻은 시사점을 살펴보자. 대중은 리더와 리더십에 대한 감정을 온라인에 토해낸다. 그 면면을 살펴보면 뜨겁고 붉은 용암과도 같다. 대부분 리더와 구성원 사이에 존재하는 '진실의 순간'에서 느낀 강렬한 감정이다.

리더와 구성원이 마주하는 진실의 순간에는 어떤 장면이 있을까? 일상적 상황과 비일상적 상황으로 구분해서 살펴보자.

일상적 상황은 다음과 같다.

아침에 사무실이나 복도에서 처음 마주쳤을 때
회의를 시작하고 마칠 때
구성원이 업무 보고를 시작할 때와 끝낼 때
구성원과 업무적으로 통화를 시작하고 끊을 때
점심식사 시간에 사무실을 나가면서 구성원과 마주쳤을 때

앞서 우리는 오하이오 주립대학교 리더십 학파의 오랜 연구를 살폈다. 리더는 크게 두 가지 메타 행동을 하는 역할인데, 하나는 목표를 달성하기 위한 구조화 행동, 다른 하나는 구성원과 신뢰를 형성하고 동기를 부여하는 배려 행동이었다. 플레이시먼 교수가 관찰한 바에 따르면, 리더와 구성원이 서로 신뢰를 쌓은 이후에는 그 어떤 구조화 행동이라도 구성원은 이해하고 받아들였다.

따라서 목표 달성을 위해 업무에 몰입하고 성과를 강조하는 모습을 보이더라도, 순간순간 사람다움을 놓지 말아야 한다. 아침에 처음 마주쳤을 때 "김 대리, 좋은 아침이야. 오늘도 힘냅시다"라는 그 짧은 인간적 다가섬이 신뢰를 형성시킨다. 회의를 시작할 때도 바로 업무로 전환하기보다는 사람 먼저 챙겨야 한다. 시간이 길 필요도 없다. 아주 짧아도 된다.

최근 실리콘밸리 기업들에서는 회의할 때 체크인(check-in)을 하게 한다고 한다. 본격적으로 업무에 돌입하기 전에 구성원들이 짧은 단어로 그날의 감정이나 상태를 말하고 이유도 이야기하게 하는 것이다. 가령 "저는 상쾌라는 단어를 골랐습니다. 오늘 우리 아이가 유치원에 울지 않고 등원했거든요. 정말 상쾌했습니다"라고 말하는 식이다. 그날 자기 상태를

말하기 싫은 구성원은 그냥 '통과'라고 하면 된다. 나는 체크인을 '배려 행동의 제도화'라고 부른다.

구성원이 업무 보고를 시작할 때와 마칠 때도 중요하다. 업무적으로 강한 피드백을 해야 했다면, 마무리하는 끝에 인간다움을 놓지 않아야 한다.

"오늘은 제가 쓴소리를 했습니다만, 나는 김 차장을 믿습니다."

비일상적인 상황은 이렇다.

업무적으로 문제가 터졌을 때
구성원 본인이 저지른 실수를 보고할 때
구성원이 몸이 아프다고 했을 때
구성원의 직계 가족이 크게 아프다고 했을 때
친인척의 애경사가 발생했다고 할 때

앞서 다섯 가지 리더 유형을 살폈다. 배려·화합형은 고민의 지향점이 항상 사람에게 쏠려 있다. 그런 리더는 비일상적인 상황에 직면하면 반사적으로 사람을 챙기는 모습을 보인다. 가령 구성원이 몸이 안 좋아 조퇴를 하고 싶다고 할 때 "어서 빨리 조퇴하세요. 병원은 꼭 들르세요. 무엇보다 건강이 중요합니다. 내일 아침에 일어나서 몸 상태가 안 좋으면 굳이 나와서 조퇴하지 말고 전화로 얘기해주세요"라고 말이다.

독자 여러분이 배려·화합형 리더가 아니라면 어떻게 할 수 있을까? 비일상적인 상황을 이미지 트레이닝으로 연습하면 효과를 볼 수 있다. 이들 상황에 부닥쳤을 때, 즉각 어떤 반응과 태도를 보일지를 머릿속으로 그려

보고 꾸준히 연습한다. 그래야만 몸에 각인된다.

진실의 순간에 구성원의 틀어진 마음은 어지간해서 돌리기 어렵다. 그래서 특히 조심해야 한다. 구성원 A의 말을 들어보자.

"어머니가 쓰러져 입원했다는 전화를 받았습니다. 손과 발이 떨리더군요. 최악의 상황을 가정할 수밖에 없었습니다. 상사에게 보고를 드리고 바로 병원으로 가려고 했습니다. 그런데 상사는 이렇게 말하더군요. '자네가 그리 조바심을 내는 건 이해하네만, 오늘 중요한 일이 예정되어 있지 않은가? 자네가 의사가 아닌 이상 병원에 달려간다고 해서 달라지지는 않으니, 일단 그 일 마치고 보세나'라고요. 그 말을 듣는데 정말 '뭐 이런 놈이 다 있나?' 싶었습니다. 그는 제 인생에서 두 번 다시는 만나고 싶지 않은 리더입니다."

안리특에서
배우자

'5장 기업 구성원은 리더를 어떻게 볼까'에서는 특히 최악이라 평가받는 리더들의 특성도 살폈다. 나는 그 리더들이 진심으로 안타깝다. 그들도 누군가의 부모, 자녀이자 친구일 테니 말이다. 최소한 구성원들로부터 최악이라는 호칭만큼은 면할 방법을 찾고자 다섯 가지 나쁜 행동을 다시 정리해보겠다.

책임을 동료나 구성원에게 전가하기, 조직보다 개인의 이익 앞세우기, 말과 행동이 따로 놀고 언사가 제어되지 않는 일, 감정적으로 업무에 임하기, 개인 친분이나 선호에 눈이 가리는 일이었다. 이런 행동을 하면 구성원들은 '신뢰할 수 없다', '우두머리 감이 아니다'라고 판단하는 경향이 있었다.

이처럼 최악의 리더, 또는 안타까운 리더가 되지 않으려면 최소한 이들 다섯 가지 행동은 지양해야 한다. 단순히 '나는 이렇게 하지 말아야지'라고 다짐만 해서는 안 된다. 나를 철저히 파헤쳐서 살펴봐야 한다. 다음 질문으로 자신을 돌아보자.

① 책임을 남에게 전가한다

- 문제가 발생했을 때, 나는 귀책에 집중하는가 문제 해결 자체에 집중하는가?
- 책임 소재를 분명히 밝히고자 한다면, 그 동기는 무엇인가?
- 책임이 구성원이나 동료에게 있다는 점이 분명해졌을 때, 나는 어떻게 반응하고 대응하는가? 제3의 눈으로 나를 관찰했을 때 나는 어떤 사람인가?
- 내 책임이라는 점이 분명해졌을 때 나는 무엇을 걱정하는가? 명예인가, 승진인가, 가족인가, 뒷감당인가?
- 내 잘못을 솔직하게 인정하는가? 그게 어렵다면 이유는 무엇인가?

② 개인 이익을 조직 이익보다 앞서 추구한다

- 내 비전은 무엇인가? 그 안에서 현재 근무하는 조직은 나에게 어떤 의미가 있는가?
- 나에게 성공은 무엇인가? 돈 많이 벌기, 승진, 존경받기, 안빈낙도, 아니면 또 다른 무엇인가?

- 내가 의사결정을 내리는 기준은 나인가 조직인가? 구성원들은 이를 지켜보면서 어떤 생각을 할 수 있는가?
- '인간은 어차피 이기적인 존재'라고 개인적으로 강하게 믿는가? 그렇다면 그럼에도 조직에 이바지하는 리더라는 평을 들으려면 무엇을 어떻게 해야 하는가?

③ 모욕적인 언사를 하고, 말과 행동이 따로 논다

- 평소 내 언어 습관은 어떠한가? 화가 폭발적으로 치밀 때, 나는 주로 어떤 단어들을 내뱉는가? 구성원들은 이를 어떻게 느낄까?
- 업무적으로 문제가 생겼음을 감지했을 때 나는 문제에 집중하는가, 문제를 유발한 사람에게 집중하는가? 각 상황에서 나는 어떤 단어들을 선택하는가? 그 이유는 무엇인가?
- 구성원들에게 '어제 했던 말과 오늘 한 행동이 다르다'라는 표현을 듣고 있다면 그 이유는 무엇인가? 그 짧은 사이 내 생각과 아이디어가 발전되어서인가, 아니면 다른 이유가 있는가?
- 내가 한 말과 행동이 다름을 스스로 인지할 때가 있다면, 그때는 언제인가? 자주 자각하는가, 그때 나는 구성원들에게 어떤 자세로 설명하고 행동하는가?
- 말과 행동이 항상 일치해왔다고 믿는다면 언행일치, 지행일치를 일생 신념으로 삼아왔기 때문인가, 아니면 나는 원래 그런 사람이라고 생각하기 때문인가?

④ 감정적으로 업무에 임한다

- 업무 중에 내가 스트레스를 느끼는 순간들은 언제인가? 나는 언제 짜증과 화가 치밀어 오르는가?
- 스트레스를 받으면 내 몸과 마음이 어떤 반응을 보이는가? 업무 중 받는 스트레스를 해소하기 위한 나만의 방법이 있는가?

- 어릴 때부터 감정 기복이 있었는가? 아니면 리더가 된 이후 감정 기복이 생겼는가? 나는 누구와 함께 있을 때 감정을 심하게 드러내는가?
- 내 감정에 휘둘리지 않고 결정을 내릴 최적의 시간, 머리가 가장 명쾌한 시간은 언제인가? 아침, 오전, 점심, 오후인가? 그 시간에 집중적으로 구성원의 보고를 받도록 조정할 수 있는가?

⑤ 개인 친분이나 선호가 심하게 드러난다

- 내 마음에 드는 구성원들은 어떤 스타일인가? 구체적으로 누구누구인가?
- 그들을 어떻게 대하는가? 다른 구성원과는 티가 나게 다르게 대하는가?
- 그들에게 후한 평가, 또는 좋은 업무를 주는 이유는 무엇인가?
- 나는 성과를 내기 위해서 어쩔 수 없이 역량이 우수한 소수의 구성원에게 업무를 부여하고 밀착 관리하는 것뿐이라고 정당화하는가? 현재 처한 환경에서 내가 성과를 낼 길은 오로지 이 방법밖에 없는가?

앞서 다섯 가지 리더 유형을 살펴보면서, 리더로서 타고난 기질은 좋지 않지만 우수한 리더십을 발휘하는 리더가 있음을 살폈다. 그 리더들에게는 공통점이 있었다. 자기 인식(self-awareness), 즉 나를 있는 그대로 거울에 비춰보는 용기, 항상 나를 객관적으로 반추하려는 습관이 좋지 않은 토양을 보완해주었다. 조직에서 구성원과 같이 일하면서 상시로 자신의 태도와 행동을 살피고, 그게 적절한 반응이었는지를 검토해야 한다.

안리특 프로젝트에서 도출된 안타까운 행동 다섯 가지도 마찬가지다. 깊이 생각해보지도 않고 '나는 그런 사람이 아니야'라고 거부하는 태도는 지양해야 한다. 내 모습을 거울에 비춰볼 용기가 없기 때문이다. 또 단순히 '나는 그런 행동을 하지 말아야지'라는 다짐만으로는 안 된다. 나를 제대로 알지 못한 상태에서 한 다짐은 잘 이행되지 못한다. 어느 전자제품이든지 설명서를 먼저 읽어보고 사용하도록 권한다. 해야 할 일, 하지 말아야 할 일을 먼저 숙지한 다음 그 제품을 써야 한다.

복잡다단한 우리 인간도 마찬가지다. 내가 나를 사용하고 개발시키려면 우선 나를 제대로 알아야만 한다. 연구자들이 '리더십의 출발점은 자기 인식부터 먼저다'라고 말하는 이유다.

다섯 가지 행동에 따라 제시된 질문들로 자신을 돌아보자. 이들 질문을 검토한다고 해서 여러분이 현재 최악의 리더라는 의미는 아니다. 여러분이 최악의 리더이기 때문에 이 질문을 검토해야 한다는 말도 아니다. 이들 질문으로 진실의 문을 열고, 저 너머에 있는 진정한 나를 만나보자.

환경에 대한 가정을
검토해보자

리더 유형을 다섯 가지로 나누고, 탁월형이 다른 집단에 비해서 무엇이 다른지를 살펴봤다.

첫 번째 특성으로 탁월한 리더들은 환경을 보는 눈이 달랐다. 이순신 장군은 변덕스러운 선조 때문에 여러 번 곤란을 겪었다. 인재를 보는 눈이 없었던 선조는 이순신을 삭탈관직하고 그의 자리에 원균을 앉혔다. 무능과 만용으로 똘똘 뭉친 원균은 일본 해군에 대패했다. 이순신 장군이 그동안 노력하여 쌓은 공을 한순간에 날려버렸다. 위기를 느낀 선조는 이순신을 다시 삼도수군 통제사 자리에 앉혔다. 12척의 배만 남았지만, 이순신 장군은 불평하지 않았다. "지금 신에게 아직 열두 척의 전선이 있사오니, 죽을 힘을 내어 막아 싸우면 이길 수 있습니다"라고 했다. 이순신은 열세를 이겨내고 일본 해군을 격파했다.

이처럼 리더는 어떤 환경, 어떤 제약 조건에서도 무언가를 해내는 사람이다. 리더와 리더십의 원형을 고찰할 수 있는 원시 사회를 잠시 살펴보자. 부족민의 리더인 부족장은 걸림돌과 장애물을 어떻게든 치우고 먹거리를 구하는 사람이다.

프랑스를 대표하는 사상가이자 작가인 몽테뉴(Michel Eyquem de Montaigne)는 저서 《수상록》에 이런 일화를 기록했다.

1560년, 어느 항해가가 브라질 원주민 세 명을 포획하여 프랑스로 데려왔다. 몽테뉴는 이들 원주민에 흥미를 느껴 대화를 나눴다. 그는 '족장의 특권이 무엇인가?'라고 물었다. 그 세 명 중의 한 명이 마침 부족장이었는데 그는 이렇게 말했다.

"족장은 전쟁할 때 선두에 서서 싸우는 사람이다."[90]

그렇다. 우리 부족이 열세에 처해 있더라도 이를 뒤엎기 위해 선두에 서서 싸우는 사람이 리더다.

프랑스 인류학자 레클로드 레비 스트로스(Claude Levi Strauss)가 연구한 남비콰라족을 잠시 살펴보자. 이 족속은 키가 작다. 남자는 160cm, 여자는 150cm 정도다. 희귀하게도 모두 O형 혈액형을 가졌는데, 이는 이 부족이 수세기 동안 외부와는 철저히 격리되어 살아왔음을 시사한다. 다른 원시 부족에 비해서도 물질적으로 빈곤했는데, 그들의 전 재산은 여자들이 등에 메는 대나무로 만든 채롱 속에 들어갈 정도다. 그들이 사용하는 언어는 전혀 알려지지 않았다. 그래서 인류학자들은 남비콰라족이 인류 최초의 모습을 그대로 간직하고 있다고 추정하곤 한다. 레비 스트로스역시도 이들을 관찰하고는 이렇게 썼다.

"나는 가장 단순한 표현으로 환원되어 있는 사회를 찾아다녔다. 바로 남비콰라족(이)… (중략) 단순화된 상태에 있었다."[91]

남비콰라족 족장이 해야 할 일은 무엇이었을까? 이 부족에게는 1년에 명확히 구분되는 두 시기가 존재한다. 10~3월은 비가 많이 내리는 계절로, 물이 흐르는 지역에 정착해 화전을 일구고 옥수수, 콩, 담배 등을 심고산다. 반면 4~9월은 건기로, 물이 부족하여 곡식을 심기 어려우니 유랑생활을 하면서 드넓은 초원지대를 돌아다닌다. 배고픔을 이겨낼 모든 것, 애벌레와 거미, 메뚜기에서부터 뱀, 파충류 도마뱀까지 허기를 메울 수있는 모든 것을 찾아다닌다.

우기 시절에 족장은 몇 개월간 정착할 장소를 결정한다. 이때는 곡식을 직접 재배하면서 살기에, 먹을 것이 비교적 풍부할 수 있다. 그렇다고 안심해서는 안 된다. 논농사도 '풍년'과 '흉년'이 있는 것처럼, 토양에 맞지않는 곡식을 심었다가는 쫄쫄 굶을 수도 있다. 경작할 토양 재질을 잘 살펴보고, 그에 맞는 작물을 결정해야 한다. 집단 구성원의 먹거리를 직접 고민해야 한다.

건기에는 족장의 역량이 특히 중요해진다. 먹거리가 매우 부족하고, 유랑 생활을 해야 하기에 여러모로 위험이 증가하기 때문이다. 족장은 첫 번째 도착지는 어디로 할지, 이후 여정은 어떻게 할지, 어느 곳에서 얼마나 머무를지 결정한다. 그곳에서 누가 사냥을 나갈지, 고기잡이는 어떻게 할지, 채집은 누가 할지도 정한다. 그래서 남비콰라족 언어로 리더에 상응하는 단어의 뜻이 의미심장하다. 부족장을 지칭하는 단어는 '우일리칸데(Uilikande)'로,[92] '결속시키는 사람', '통일시키는 사람'이란 의미가 있다.

또 족장은 소수의 먹거리를 확보하기 위해 인근의 부족들, 즉 경쟁자들이 빈번하게 출몰하는 지역에 대해 구체적인 지식을 가지고 있어야 한다. 자기 부족과 우호적인 이웃들이 어떻게 이동하며, 적대 부족은 어디로 향하는지를 알아야 한다. 그래서 족장은 부족이 유랑할 때 주변을 신속하게 돌아다니면서 끊임없이 답사해야 했고 피치 못하게 적대적인 부족과 마주했을 때는 전쟁도 불사해야 했다. 그때 족장은 '선두에 서서 싸우는 사람'이어야 했다.

이처럼 원시 부족의 리더도 주어진 환경을 이기고 돌파해야만 했다.

독자 여러분은 환경에 대해 어떤 가정을 가지고 있는가? 일단 내 모습부터 반성해야 한다. 내가 사회 초년생 시절 당시 근무하던 회사는 대기업군에 속했지만, 여러 제도가 갖춰져 있지 못했다. 나름 열심히 일했던 나는 '이것도 없고 저것도 없고, 이건 갖춰지지도 않았다'라는 뉘앙스로 불평을 했다. 내 나름대로 스트레스가 많았다. '나는 열심히 해보려 하는데 왜 회사는 뒷받침해주지 않는가'라고 생각했기 때문이다. 그러다가 공부가 하고 싶어서 박사 과정을 위해 사직서를 냈다. 퇴사 전에 전무님과 면담을 했다. 그분의 말씀이 지금도 기억에 남는다.

"나는 자네가 스스로 만들어보길 바랐다. 우리 회사에 제도가 없으면 불만만 말하지 말고 그 제도를 왜 만들어야 하는지, 다른 회사는 어떻게 하고 있는지, 그래서 우리는 어떻게 해야 하는지를 경영진에게 제안하고 만들어가길 원했다. 경영진이 몰라서 못해주는 것도 있다. 우는 아이 젖을 더 물려준다고 불만을 적극적으로 제언하는 일도 좋지만, 젖을 직접 찾는 일도 필요하다. 그게 바로 리더감이다."

여러분은 환경에 어떤 생각을 하고 있는지 다음 질문들을 통해 살펴보자. 이 질문은 탁월한 리더들이 구체적으로 어떤 포인트에서 고민이 달랐는지를 분석한 결과다. 질문이 꽤 많다. 그만큼 고려해야 할 환경 변수가 많다는 의미다. 인간의 인지 능력으로는 한계점에 다다를 만큼 환경이 복잡하다. 그래서 일반적으로 우리는 '환경에 갇혀 있다', '주어진 환경이라 어쩔 수 없다', '나는 어찌해볼 수 없다'라고 생각할 수밖에 없다. 하지만 탁월형 리더는 '우리에게 강제로 주어진 환경'이라는 틀을 깬 자들이다.

---

1. 코로나19의 영향으로 전 세계가 경기 하강 국면에 들어섰을 때, 나는 이를 어떻게 해석하고 받아들이는가?
2. 세계적으로 규제 움직임이 일어날 때, 나는 어떻게 반응하고 대응하고자 하는가?
3. 미국, 중국, 러시아, 일본 등 강대국 간의 국제 정세, 또는 중동 국가 간의 정세가

우리 조직에 어떤 영향을 미치는가? 나는 그에 대해 어떤 관점을 가지고 있는가?

4. 우리나라 사회·정치·문화적 특성 중에서 우리 조직에 직접적으로 영향을 미칠 변화가 감지되고 있다면, 나는 이를 어떤 관점으로 바라보는가?

5. 우리나라의 법 제도가 우리 조직에 미치는 영향에 대해 나는 어떤 생각을 하는가?

6. 우리 조직이 속한 산업에 대해 어떻게 평가하는가? 동료들은 우리 산업이 도입기, 성장기, 성숙기, 쇠퇴기 중에 어디에 있다고 평가하는가? 그에 대해 다른 의견을 가지고 있다면 그것은 무엇인가?

7. 우리가 종사하는 산업에서 '반드시 해야 한다', '반드시 하지 말아야 한다'와 같은 금기(taboo)가 있는가? 그 금기들은 언제, 어떻게, 왜 형성되었는가? 그 금기를 깼을 때 닥쳐올 파급은 무엇인가?

8. 지금까지 나는 그 금기를 당연하게 받아들여왔는가? 그 금기를 깨면 그로부터 무슨 기회가 만들어질 거라 보는가?

9. 나와 우리 조직은 글로벌 시장에 대해 어떤 생각을 하고 있는가? 글로벌 진출이 어렵다고 판단한다면 그 이유는 무엇인가?

10. 우리 산업의 경쟁사들에 대해 나는 어떤 고정관념을 가지고 있는가?

11. 우리 조직과 관련된 공급자, 협력사를 나는 어떤 존재라고 생각하는가?

12. 우리 조직의 고객을 나는 어떻게 정의하는가? 그들은 어떤 특성이 있는가? 내가 가진 편견이 있다면 그것은 무엇인가?

13. '새로운 사업 기회'라는 표현을 보면 나는 어떤 생각이 떠오르는가? 그 이유는 무엇인가?

14. 우리 조직이 설정한 목표는 어떤 수준인가? 도전적이지만 열심히 노력하면 충분히 달성할 수 있는 수준인가? 아니면 터무니없이 높은 수준이라고 생각하는가?

15. 우리 조직이 목표한 바를 달성하는 데 필요한 시간·기간은 충분한가? 나는 이를 어떻게 해석하는가?

16. 우리 조직이 보유한 자본 또는 예산은 충분한가? 그렇지 않다면 이유는 무엇인가?

17. 우리 조직이 보유한 기술 또는 역량은 어느 정도 수준이라고 평가하는가? 그 이

유는 무엇인가?

18. 우리 조직이 목표를 달성하는 데 필요한 인력은 충분히 확보되어 있다고 보는가?

19. 상사와 동료들에 대해 나는 어떻게 평가하는가? 그로 인해 내가 그들에게 접근하는 방식이 어떻게 형성되어 있는가?

리더 A가 다니는 회사는 지난 10여 년간 미국 엔지니어링 업체에 모든 기술을 의존했다. 그로 인해 매년 지급해야 했던 기술특허 사용료가 어마어마했다. A는 우리나라와 회사가 기술 속국으로 살고 있다는 점에 오기가 생겼다. 그래서 경영진에게 자체 기술을 개발하자고 제안했는데 경영진은 고개를 저었다.

"우리에게는 그런 기술을 개발할 역량이 없다. 또 기술 개발에 투자할 여력도 없다."

두 팔 벌려 환영할 줄 알았던 경영진이 거부하자, 그는 한동안 낙담에 빠졌다. 그런데도 그는 충분히 자체 기술을 개발할 수 있다고 믿어 선배들을 설득했다. A의 끈질긴 설득에 선배들도 하나둘 동참했다. 업무 외 시간을 활용해 A와 선배들이 함께 모여 연구했다. 회사로부터 예산 지원도 받지 않고 2년간을 끈질기게 달라붙었다. 그리고 어느 정도 기술 개발이 가시화되자 경영진을 다시 설득했다. 예산을 본격적으로 지원해주면 가능할 수 있다고. 이번에는 함께한 선배들까지 가세했다. 그러자 경영진도 적극적으로 도왔고, 마침내 독자 기술 개발에 성공했다.

매년 내야 했던 로열티가 사라지자 영업이익이 증가했다. 원천 기술이 미국 엔지니어링 업체 소유였기 때문에 이전까지만 해도 글로벌 사업은 언감생심 꿈도 꿀 수 없었다. 그런데 독자 기술을 개발하자 해외 진출이 가능해졌다. 이들은 일본, 대만, 인도네시아로 진출해 기존 미국 업체를 포함한 글로벌 기업과 경쟁을 하였고, 저렴한 비용에 우수한 기술을 인정받아 여러 회사로부터 수주를 받았다.

리더 A가 주목한 환경은 '기술', '인력', '역량', '자본'이었다. 선배나 경영진은 우리가 그럴 깜냥이 안 된다고 믿었다. 고도로 발전한 기술이라 세계적인 유명한 기술자들만이 개발 가능하다고 생각했다. 또 그와 같은 원천 기술을 만들려면 엄청난 자본이 필요한데, 그들 조직에는 여력이 없다고 여겼다. 하지만 선배들을 설득하고, 업무 외 시간에 끈질기게 달라붙어 마침내 독자 기술을 개발해냈다. 그러자 조직 차원에서는 '시장'에 대한 가정이 달라졌다. 예전에는 내수 시장에 집중할 수밖에 없다고 여겼지만, 기술 개발 후에는 판이 달라졌다. 세계 시장으로 눈을 돌려 글로벌 기업과 경쟁하는 회사로 변모할 수 있었다.

구성원에 대한 가정을 검토해보자

위대한 조직연구자 에드거 샤인(Edgar Schein)은 리더가 인간을 어떤 존재로 간주하느냐에 따라 그가 창조하는 세계관이 질적으로 달라진다는 점을 관찰하였다. 인간을 이기적인 존재로 가정하는 리더와 선한 의지를 가진 존재로 가정하는 리더는 발휘하는 리더십이 질적으로 다르다. 다음 질문을 보면서 나는 인간을 어떻게 가정하는지 점검해보자.

- 나는 인간을 악한 존재로 보는가(성악설), 선한 존재로 보는가(성선설)? 또는 이도저도 아닌 존재로 생각하는가(성무선악설)?
- 나는 인간을 자발적이고 적극적인 존재로 간주하는가(Y이론), 수동적이고 게으르며 누군가 시켜야만 일을 하는 존재로 간주하는가(X이론)? 아니면 대상마다 달리 간주하는가?
- 나는 인간이 목표를 위해 존재하는 수단이라 생각하는가? 아니면 그 존재 자체를 목적 대상으로 존중하는가?
- 나는 인간이 바뀌고 발전할 수 있다고 보는가? 아니면 타고난 대로 산다고 믿는가?

인간에 대한 가정은 곧 조직 내에서 함께 일하는 구성원들에 대한 가정의 토대가 된다. 위의 질문에 더해, 구성원에 대한 가정을 검토해보자.

- 나는 구성원을 신뢰할 수 있는 사람으로 보는가? 의심하고 감시해야 할 대상으로 보는가?
- 나는 구성원을 나보다 열등한 존재로 가정하는가? 그래서 내가 일일이 가르치고 훈련해야 할 사람으로 보는가? 아니면 나도 그들도 모두 비슷하다고 생각하는가?
- 나는 구성원을 나를 섬기는 부하로 간주하는가? 함께 일하는 동료라 여기는가?

20세기만 하더라도 훌륭한 리더상으로 '카리스마'를 꼽곤 했다. 하늘이 내려준 천부적인 재능을 가졌거나, 사람을 압도할 정도로 존재감을 강하게 드러내거나, 한 번 대화를 나누면 그에게 흠뻑 빠져서 같이 일하고 싶다는 마음이 들 정도로 매력적인 사람을 훌륭한 리더라고 여겼던 시절이 있었다.

그런데 내가 분석한 데이터에서 탁월한 리더들은 강한 카리스마로 구성원을 압도하기보다는, 그들을 파트너로 가정하면서 지원하는 역할을 자처했다. 탁월한 리더의 모습이 이렇게 질적으로 달라진 이유는 무엇일까?

나는 특정 리더십 스타일이 항상 옳다고 주장하지는 않는다. 때로는 후원적인 스타일이, 때로는 지시적인 방식이, 때로는 카리스마가 강한 유형이, 때로는 구성원을 섬기려는 사람이, 때로는 참여를 강조하는 리더십이 효과적일 수 있다. 시의에 맞게, 상황에 맞게 행동할 필요가 있다.

그럼에도 내 데이터에서 탁월한 리더들은 구성원을 파트너로 간주하는 특성이 두드러지게 나타났다. 시대적으로 다음 두 가지가 크게 달라진 경향이 있기 때문이라고 나는 믿는다.

첫 번째는 정보 소유의 주체다. 과거에는 경영 의사결정에 참고할 핵심 정보를 획득하기까지 비용과 시간이 많이 들었다. 그만큼 정보는 비싼 재화였다. 그래서 과거에는 중요 정보가 조직 상층부에 모두 집중되었다. 그때의 리더들은 정보 비대칭성을 권력의 원천으로 삼아, 구성원에게 시의적절하게 정보를 제공하고 의사결정을 내리며 방향을 지시할 수 있었다.

하지만 기술이 발전하면서 정보 비용이 상대적으로 저렴해졌다. 누구나 범용 정보에 쉽게 접근 가능한 세상이 되었다. 더구나 개인 간 정보 공유 기술이 발달하면서, 조직 하층부에서 더 많은 정보가 생성되고 빠르게 퍼진다. 리더들은 비대칭성을 빌미로 독점적인 정보 권력을 활용하기 어렵게 되었다. 이제는 하층부, 또는 현장 구성원이 즉각 의사결정을 내릴 수 있는 세상이다. 리더가 희소한 정보를 바탕으로 의사결정을 내리고 지시하면, 구성원들이 이를 그대로 믿고 따르는 시대가 아니다.

둘째, 환경의 복잡성이다. 오늘날의 경영환경은 VUCA다. 앞서 설명한 대로 '기존의 경험과 논리가 통하지 않는 세상'이다. 과거에는 연장자가 달무리가 지는 걸 보고 내일 비가 내리겠으니 논에 물이 잘 빠지게 단속하라는 지시를 내렸고 그대로 따르면 됐다. 경험이 많은 리더가 상황을 합리적으로 판단해 의사결정을 하면 성공 확률이 높은 시대였다. 하지만 오늘날의 경영환경에서는 과거의 경험과 논리가 잘 작동하지 않는다. 리더 혼자서 북 치고 장구 칠 수 있는 세상이 아니다.

그래서 요즘 시대는 리더가 구성원을 파트너로 가정할수록 더 효과적일 수 있다. 그런 가정을 가진 리더들은 구성원을 존중하고 구성원들이 충분히 합리적이고 이성적으로 판단을 내릴 수 있다고 믿는다. 리더가 이런 태도를 보이면 구성원들의 동기 수준이 높아진다. 리더가 자신을 신임하기 때문에 자기 완결적으로 일을 완수하려 한다. 또 충분한 권한을 가지고 업무에 임하기 때문에 갑작스러운 상황 변화에 즉각 대응할 수 있다.

성과-사람관리에 대한
가정을 검토해보자

리더는 시간 위를 달리는 존재다. 리더의 일과는 어떤가? 무수히 많은 일이 벌어져 집중을 흐트러뜨린다. 회의 또 회의, 면담 또 면담이다. 경영진에게 예정에 없는 갑작스러운 호출을 받고 부랴부랴 서류를 들고 달려가거나, 문제가 터져서 어떻게 뒷수습을 할지 골머리를 앓는다. 어느덧 진짜로 성과를 만드는 일에 힘을 쏟고 있는지, 아니면 필요도 없는 일에 시간을 뺏기고 있는지 분간이 안 되기 시작한다. 때로는 왜 뒤치다꺼리를 하는 존재로 전락해 있나 싶기도 하다.

혹시 어느 리더를 일주일간 낯선 눈으로 관찰해본 적이 있는가? 나는 서류로, 데이터로, 대면으로 다양한 리더들을 만난다. 그리고 관찰한다. 그들을 보고 있으면 우리 시대의 리더들이 애처롭다. 오로지 장대 하나만 가지고 고층 빌딩 사이로 외줄 타기를 하는 모습이 연상된다. 이쪽에서 저쪽으로 어쨌든 건너야 한다. 한 발이라도 잘못 내디디면 끝이다. 재기할 기회란 없다. 목표를 달성하기 위해 상시 고도로 집중을 해야만 한다.

리더십을 연구하던 초반에는 성과관리와 사람관리를 별개라고 믿는 리더를 보면 이해가 되지 않았다. 아마도 그때는 내가 리더십을 책으로 배웠기 때문이지 않을까 싶다. 하지만 개념적으로도 둘은 구분되기 어렵다. 혼자서 하기에는 일의 규모가 커서 다른 사람을 합류시키고 조직을 만든다. 일을 여럿이 나누어 분업한다. 사람이 더 많아지면 작업을 효율적으로 배분하고, 어긋나는 이해를 조율할 역할이 공식적으로 필요하다.

또 그 집단의 운명을 좌우할 결정을 주도적으로 할 사람이 필요해진다. 그게 바로 리더다. 리더는 결코 혼자서는 일할 수 없는 존재다. 구성원과 함께 일을 만들어가야 한다. 그래서 리더에게는 성과관리가 곧 사람관리고, 사람관리가 곧 성과관리다.

하지만 이제는 별개라 가정하게 된 연유를 이해한다. 살얼음판 걷듯이 하루하루 목표를 이루는 일에 집중하다 보면 어느새 사람은 눈에서 사라진다. 그게 당연한 현상이다. 그렇게 이분법적 사고관에 빠지면 두 개념을 트레이드오프 관계로 생각한다. 하나의 목표를 달성하려면, 다른 목표 달성을 희생해야 하는 관계로 말이다. 하나를 선택하면 다른 하나는 필연적으로 버려야 한다고 믿는다.

그런데 탁월한 리더들은 또 한 번 그 틀을 깬 자들이다. 다른 사람들은 무의식적으로 성과관리와 사람관리를 별개로 간주하지만, 이들은 리더의 본질을 통찰한 사들이다. 성과를 내기 위해서는 우선 사람을 챙겨야 하고, 사람을 챙겨야만 더 높은 성과를 이룰 수 있다고 믿는다.

그 옛날 위대한 왕과 장수들도 '대업'을 이루기 위해 사람을 챙겼다. 《삼국지》에서 왜 유비가 제갈량을 '삼고초려'로 모셔 오려 했을까? 혼자 힘만으로는 역부족이기 때문이었다. 그래서 유비는 인재를 들이기 위해 참을성 있게 마음을 전했다. 제갈량이 합류하고 나서도 계속해서 그에게 개인적인 관심을 기울였다. 조조는 어떠한가? 그는 냉혹했지만 무정하지 않았다. 부하 장수들을 웃는 얼굴과 말투로 대했으며, 그들의 말에 적극 귀를 기울이려고 노력했다고 한다.

어제보다 더 나은 리더로 발전하기 위해서 이렇게 자문해보자.

- 나는 성과관리가 무엇이라고 생각하는가?
- 나는 사람관리를 무엇이라고 생각하는가?
- 그 둘을 트레이드오프 관계라 가정하는가? 왜 그렇게 생각하는가?
- 지난 한 달, 일주일간 스케줄을 살펴보자. 내가 시간과 노력을 기울인 일들은 무엇인가?
- 나는 정말로 바쁜가? 무엇 때문에 그토록 바쁜가? 절대적인 업무량이 많은가, 아니면 권한 위임을 하지 못해 업무를 내 손에 꼭 쥐고 있어서인가?

성과관리는 정해진 기간 목표를 달성하기 위해 하는 모든 행동을 말한다. 구성원들에게 일을 할당하고, 업무 진행 상황을 점검하고, 구성원 간의 업무를 조율하고, 예상치 못한 문제를 해결한다.

사람관리는 오하이오 주립대학교 리더십 학파가 정의한 '배려 행동'과 같다. 구성원을 배려하고 지지하고 후원하고, 어려움에 부딪혀 있을 때 보호하고, 그들의 아이디어를 적극적으로 경청하는 행동을 포함한다. 이 둘을 어떻게 동시에 좇을 수 있을까?

우선 우리가 해볼 일은 문자 그대로 사람관리를 위해 '시간 따로 떼어놓기'다. 시간에 쫓겨서 그럴 시간이 없는가? 그렇다면 지난 한 달, 일주일간 내가 어떤 일에 시간과 노력을 기울였는지 일정을 가만히 들여다보자. 절대적인 업무량이 많아서 시간이 없었는지, 아니면 다른 이유로 정신없었는지를 살피자. 어떤 리더는 미세 관리에 중독이 되어 있다. 이들의 공통점은 "나는 챙겨야 할 일이 많아서 너무 정신없이 바쁘다"라고 말한다는 점이다. 국내 굴지의 한 회사의 인사팀장은 이렇게 말했다.

"참 이상합니다. 우리 회사의 A상무는 '바쁘다', '정신없다', '일이 많다'

라는 말을 입에 달고 삽니다. 구성원들과 마주해서 면담할 시간도 없다고 합니다. 그래서 도대체 왜 바쁜지를 유심히 관찰하노라면, 그는 실무자가 처리해야 할 일까지 일일이 다 보고 받고 의사결정을 합니다. 그게 리더가 해야 할 일이라고 믿습니다. 구성원들은 매일 보고서 고치랴, 데이터 챙기랴 정신없습니다. 회의도 왜 그리 자주 하는지 알 수가 없습니다. 구성원들은 지금 이 시각에 내가 왜 이 짓을 하고 있어야 하냐고 반문합니다. 그런데 A상무님이 다른 직무로 발령이 났습니다. 그 뒤를 이어 B상무님이 그 조직을 맡았지요. 그 직책에게 요구되는 전략적 역할은 바뀐게 없는데, 누가 수행하느냐에 따라 조직 분위기와 성과가 크게 달라졌습니다. B상무님은 칼같이 퇴근하십니다. 업무 일정도 여유롭습니다. 생각할 틈이 있어야 조직의 미래를 고민할 수 있다고요. B상무는 굵직한 일만 챙겼습니다. 그러니 구성원들은 '우리가 스스로 일을 찾아서 하니 전보다 업무 가짓수가 늘어났지만 신이 납니다'라고들 합니다."

나는 한 대기업을 대상으로 임원급 리더 100여 명이 일과 중 어떤 유형의 업무에 시간과 노력을 기울이는지를 측정했다. 회사 전략적으로 요구되는 업무에 얼마나 시간을 사용했는지(전략적 업무), 실무적인 일에 어느 정도로 시간을 썼는지를 말이다(운영적 업무). 후자는 소소한 일이라서 구성원들에게 충분히 권한을 위임해도 되었다.

그러고 나서 개인별 성격이 각각의 시간을 얼마나 설명하는지 살폈다. 전략적 업무에 쏟은 시간 양은 성격이 36% 정도 설명했고, 운영적 업무는 성격이 43%를 설명했다. 운영적인 업무에 시간을 쏟는 원인의 43%가 성격에서 연원되었다고 할 수 있다.

이 말은 곧, 리더가 회사 또는 그 직책에서 전략적으로 요구하는 행동을 하지 않고, 본인의 타고난 성격에 따라 편한 대로 일하고 있음을 시사한다. 그 직책이 요구되는 바에 비해 절대적으로 업무량이 많은가? 아니면 내가 의도치 않게 그리 만들었는가. 최근 1~2주간의 일정을 자세히 살펴보고, 없애거나 축소하거나 위임할 일이 있는지 검토해보자. 그러고 시간을 문자 그대로 '사서' 구성원의 마음을 들여다볼 기회를 얻자.

두 번째는 두 범주를 통합하고 조화시키는 일이다. 시간이라는 통 안에 성과관리와 사람관리를 한 번에 담는다. 어떻게 그리할 수 있을까? 크로스오버(crossover)라는 음악 장르가 있다. 옛날에는 클래식 음악가는 고전 장르만, 현대 음악가는 팝 음악만 고수했다. 그런데 클래식 음악과 팝 음악을 조합하는 사람들이 나오기 시작했다. 장르를 구분하지 않고, 음과 박자라는 틀에 여러 장르를 섞었다. 이들을 세 가지 유형으로 구분한다. 클래식과 재즈의 크로스오버를 살펴보자.[93]

첫 번째는 클래식을 기본으로 재즈풍을 가미한 형태다. 영화 〈올드보이〉에 배경음악으로 깔린 쇼스타코비치(Dmitrii Shostakovich) '재즈 모음곡 2번' 중 왈츠가 대표적이다. 두 번째는 재즈에 클래식을 가미한 유형이다. 마지막으로 양자의 비중을 따지기 어려울 정도로 통합한 형태다.

곡을 연주한다고 가정하고 리더십 행동을 돌아보자. 만일 성과관리에만 집중해온 리더라면 클래식에 재즈를 옷 입히듯이 연주해볼 수 있다. 성과관리와 사람관리를 이분법으로 생각하는 리더들은 사람관리를 하려면 시간을 많이 투입해야 한다고 믿는다. 하지만 탁월한 리더들은 업무에 몰입하면서도 순간순간 사람을 챙기는 모습을 보여준다. 어떻게 그리할 수 있을까? 앞에서 살펴본 진실의 순간과 맥을 같이한다.

리더의 이미지를 형성하는 일상적 상황들, 아침에 사무실이나 복도에서 처음 마주쳤을 때, 회의를 시작하고 마칠 때, 구성원이 업무 보고를 시작할 때와 끝낼 때, 구성원과 업무적으로 통화를 시작하고 끝낼 때, 점심 식사 시간에 사무실을 나가면서 구성원과 마주쳤을 때, 그 잠깐 동안에 인간적인 접촉을 할 수 있다. 가령 구성원과 업무 통화를 마칠 때 간단히 "김 과장이 요즘 고생이 많습니다. 고맙습니다"라고 두 마디를 건넬 수 있다.

에필로그

리더십
신수설은 없다

●
●
●

지금까지 우리는 두 가지 화두에 답을 찾는 여정을 지나왔다.

첫째, 리더십은 무엇인가?
둘째, 탁월한 리더들은 무엇이 다를까?

무수히 많은 리더십 정의가 존재한다. 천차만별이라서 머리가 어지럽다. 그런데 어려울수록 단순하게 생각하라고 했다. 리더십의 어원은 '이끄는 사람에게 요구되는 자질'로 우리 조직이 나가야 할 방향과 전략을 이끌고, 일을 추진하여 실질적인 결과를 얻어내고, 함께하는 구성원을 독려하고, 그들 간의 협업을 조율하는 일을 이끈다. 그리고 내가 나를 제대로 이끄는 일이다(안리특 프로젝트를 통해 도출된 다섯 가지 행동을 고려해보라).

그런데 탁월한 리더들은 무엇이 다를까를 찾는 과정에서, 이끄는 사람의 자질로 그가 가진 '가정'이 중요하게 드러났다. 사람은 가정 위를 걷는 동물이다. 사람은 어떤 가정을 가지느냐, 어떻게 가정하느냐에 따라 그의 생각과 태도와 행동이 달라진다. 단순히 "오늘부터 이것을 하지 말아야지, 이렇게 해야지"만으로는 변화가 일어나지 않는다.

가정이 바뀌어야만 행동이 제대로 바뀐다.

나는 나를 둘러싼 환경을 어떻게 가정하는가? 내 세계관은 어떻게 형성되어 있는가? 나는 구성원을 어떤 존재로 바라보는가? 리더의 역할을 무엇이라 가정하는가? 사람관리와 성과관리를 어떻게 생각하는가?

우리나라는 지정학적(geopolitic) 위치가 정말 좋지 않다. 미국과 러시아, 중국과 일본이란 강대국 사이에 끼어 있다. 마치 울창한 숲의 커다란 나무들 틈 사이에 서 있어 광합성조차 제대로 하지 못하는 작은 나무 같다. 우리의 자원은 오로지 사람, 사람밖에 없다. 우리나라 국민 한 사람 한 사람이 계속 성장해 나가야만 한다. 소박한 나무지만 뿌리와 줄기, 나뭇잎이 튼튼하게 생동해야 한다. 우리 미래에 다양한 색채를 채울 리더를 키워야 한다.

그런데도 우리 사회에는 '리더는 타고난다'라는 신념이 만연하다. 중세 시대는 왕권신수설(王權神授說)로 백성을 오도했다. 왕의 권력은 신으로부터 부여받았기에 누구도 도전하고 부정할 수 없다고 믿게 했다. 그런데 오늘날은 '리더십 신수설(leadership 神授說)'로 누군가 우리 국민을 길들이는 거 아닌가 싶다. 어느 공무원이 했다는 말이 떠오른다.

"국민은 개돼지다. 그들을 개돼지로 보고 먹고살게 해주면 된다. 신분이 정해져 있으면 좋겠다. 미국을 보면 흑인이나 히스패닉, 이런 애들은 정치니 뭐니 이런 높은 데 올라가려고 하지도 않는다. 대신 상·하원처럼 위에 있는 사람들이 먹고살 수 있게 해주면 된다."

역사상 위대한 책들은 처음부터 끝까지 버릴 내용이 없다고 한다. 그 마지막 문장 하나까지. 이 책이 그와 같은 반열에 들어갈 순 없지만, 그래도 욕심이 났다. 그래서 전면적으로 다시 수정하는 작업을 거쳤다. 마지막 문장 하나까지 고심해서 쓰고자 했다. 왜냐고?

우리 사회가 리더를 보는 시각이 성숙해져야 한다. 우리 사회 각 처의 리더십이 바로 서야, 우리가 보유한 인재들이 그들의 능력과 이상을 한껏 펼쳐낼 수 있다. 조선 사회에서 비천한 출신이었던 장영실이 세종대왕 치하에서 역량을 마음껏 발휘할 수 있었듯이 말이다. 이 책이 우리 사회의 리더십 발전에 이바지하기를 바라는 욕심을 문장 하나하나에 담았다.

삶은 알 수 없다. 우리 삶이 어디로 갈지, 어떤 궤적을 그려낼지 정말 알 수 없다. 블루칼라 노동자가 대학교에 진학하고, 석박사 과정을 거쳐왔다. 이제는 사회 지도층이 갖춰야 할 리더십을 논하고 있다. 나는 유명한 연구자도, 사업에 성공한 저명한 리더도 아니다. 오로지 리더 데이터를 집중적으로 만지고 분석하며, 그들의 목소리에 집중해왔을 뿐이다. 그래서 이 책은 들판에 핀 야생화 같다. 화려해서 뭇사람의 주목을 받기보다는, 산책하다 마주하는 정겨운 들꽃이기를 소망한다.

참고자료

1 Newman, K. L.(2000). Organizational transformation during institutional upheaval. Academy of Management Review, 25(3), 602-619.

2 David, R. J., & Strang, D.(2006). When fashion is fleeting: Transitory collective beliefs and the dynamics of TQM consulting. Academy of Management Journal, 49(2), 215-233.

3 Nicolay, J. G.(2018). A short life of Abraham Lincoln. BoD – Books on Demand.

4 김효정(2015). '수입 자동차 개인 보유 1위 이건희 124대'. 〈주간조선〉. Retrieved from http://weekly.chosun.com/client/news/viw.asp?nNewsNumb=002373100002

5 E. H. 카(2016).《역사란 무엇인가》. 까치.

6 오긍(2016).《정관정요: 열린 정치와 소통하는 리더십의 고전》. 휴머니스트.

7 김덕현(2008). '정기룡 장군 현창사업 연구: 정기룡 장군의 활약상과 주요 전적지'. 〈경남문화연구〉, 29(단일호), 71-110.

8 김동석(2005). "'본프레레를 어쩌랴' 히딩크 이전으로 돌아간 한국 축구'. 〈조선일보〉. Retrieved from http://news.chosun.com/site/data/html_dir/2005/08/06/2005080670043.html

9 Hospers, J. (1967). An introduction to philosophical analysis. Allied Publishers.

10 국사편찬위원회,《조선왕조실록》, 〈세종실록〉 103권, 세종 26년 2월 20일 경자 첫 번째 기사

11 Dweck, C. S., Chiu, C. Y., & Hong, Y. Y.(1995). Implicit theories and their role in judgments and reactions: A word from two perspectives. Psychological Inquiry, 6(4), 267-285.; Dweck, C. S., & Leggett, E. L.(1988). A social-cognitive approach to motivation and personality. Psychological Review, 95(2), 256-273.

12 캐럴 드웩(2017).《마인드셋: 원하는 것을 이루는 '태도의 힘'》. 스몰빅라이프.

13 하태수(2007). '창조적 리더십의 필요성과 구현 방법: 이론적 논의를 중심으로'. 〈한국사회연구〉, 10(1), 69~84.

14 "etymology", Wiktionary, https://en.wiktionary.org/wiki/etymology

15 "leader", Etymonline.com, https://www.etymonline.com/word/leader

16 게리 유클(2013).《현대조직의 리더십 이론》. 시그마프레스

17 Cannella, A. A., & Pettigrew, A.(2001). Upper echelons: Donald Hambrick on executives and strategy. The Academy of Management Executive, 15(3), 36-42.

18 신시아 A. 몽고메리(2014).《당신은 전략가입니까》. 리더스북.

19 Wang, G., Oh, I. S., Courtright, S. H., & Colbert, A. E.(2011). Transformational leadership and performance across criteria and levels: A meta-analytic review of 25 years of research. Group & Organization Management, 36(2), 223-270.

20 Mautz, S.(2019). Google Tried to Prove Managers Don't Matter. Instead, It Discovered 10 Traits of the Very Best Ones. Retrieved from https://www.inc.com/scott-mautz/google-tried-to-prove-managers-dont-matter-instead-they-discovered-10-traits-of-very-best-ones.html

21 Garvin, D. A., Wagonfeld, A. B., & Kind, L.(2013). Google's Project Oxygen: Do Managers Matter?. Harvard Business School Publishing Corporation.

22 존 젠거, 조셉 포크먼(2009). 《탁월한 리더는 어떻게 만들어지는가: 평범한 관리자를 탁월한 리더로 만드는 리더십 개발 프로그램》. 김준성, 이승상 옮김. 김앤김북스

23 Bass, B. M., & Stogdill, R. M.(1990). Bass & Stogdill's handbook of leadership: Theory, research, and managerial applications. Simon and Schuster. 4페이지 상형문자 참조.

24 Merrill, A. R., Davis, T., Simpson, M., & Moon, S. D.(2017). Talent Unleashed: 3 Leadership Conversations to Ignite the Unlimited Potential in People. Simon and Schuster.

25 Lloyd, A. B.(2014). Ancient Egypt: state and society. Oxford University Press.

26 김경옥(2013). '이집트의 콥트 문화에 대한 연구-콥트의 언어생활을 중심으로'. 〈한국중동학회논총〉, 34(2), 167-192.

27 Simpson, W. K., & Ritner, R. K.(2003). The literature of ancient Egypt: an anthology of stories, instructions, stelae, autobiographies, and poetry. Yale Univ Pr.

28 크리스티앙 자크(1999). 《현자 프타호텝의 교훈》. 문학동네.

29 원성혜(1994). '기자의 피라미드'. 〈성경과 고고학〉 (4), 22-27.

30 위키백과, '이집트 제4왕조'. Retrieved from https://ko.wikipedia.org/wiki/이집트_제4왕조

31 Van de Mieroop, M.(2010). A history of ancient Egypt (Vol. 2). John Wiley & Sons.

32 Mackenzie, D. A.(1912). Egyptian myth and legend (Vol. 1). Library of Alexandria.

33 "Menkaure", Encyclopædia Britannica, inc. retrieved from https://www.britannica.com/biography/Menkaure-king-of-Egypt

34 "Pyramids of Giza", Encyclopædia Britannica, inc. Retrieved from https://www.britannica.com/topic/Pyramids-of-Giza

35 Jacq, C(1999). The living wisdom of ancient Egypt. Simon & Schuster.

36 Kelly. R.(2014). The root of leadership. Leadership Issues. Retrieved from http://www.leadershipissues.com/the-root-of-leadership

37 〈세종실록〉 1권, 세종 즉위년 10월 7일 계미 두 번째 기사.

38 고정애(2014). "박정희 '눈물 연설' 현장… 동일 광산에 표지문 선다", 〈중앙일보〉, Retrieved from https://news.joins.com/article/16504302

39 Lohman, M. C.(2010). Integrative literature review: An unexamined triumvirate: Dogmatism, problem solving, and HRD. Human Resource Development Review, 9(1), 72-88.

40 Ober, J.(2008). The original meaning of "democracy": Capacity to do things, not majority rule.

Constellations, 15(1), 3-9.

41 comte de Maistre, J. M.(1860). Correspondance diplomatique de Joseph de Maistre, 1811-1817(Vol. 1). Michel Levy freres.

42 Bass, B. M.(1985). Leadership and performance beyond expectations. New York: The Free Press.

43 Yukl, G.(1999). An evaluation of conceptual weaknesses in transformational and charismatic leadership theories. The Leadership quarterly, 10(2), 285-305.

44 Tracey, J. B., & Hinkin, T. R.(1994). Transformational leaders in the hospitality industry. Cornell Hotel and Restaurant Administration Quarterly, 35(2), 18-24.

45 Colquitt, J. A.(2013). The Last Three Years at AMJ? Celebrating the Big Purple Tent. Academy of Management Journal, 56(6), 1511-1515.

46 Graen, G. B., & Uhl-Bien, M.(1995). Relationship-based approach to leadership: Development of leader-member exchange (LMX) theory of leadership over 25 years: Applying a multi-level multi-domain perspective. The Leadership quarterly, 6(2), 219-247.

47 Burns, J. M.(1978). Leadership. New York: Harper & Row
박영석, & 조용주(1999). '거래적 리더십과 변혁적 리더십이 부하의 작업동기에 미치는 효과'. 〈한국심리학회지: 산업 및 조직〉, 12(2), 1-21.

48 Bass, B. M.(1985). Leadership and performance beyond expectations. New York:

49 임준철·윤정구(1999). '부하에 의해 인지된 상사의 변혁적 및 거래적 리더십이 부하의 혁신 성향에 미치는 영향: 자기권능감(Self-Efficacy)의 매개역할을 중심으로'. 〈인사조직연구〉, 7, 1-42.

50 한태영·탁진국(2005). '변혁적 및 거래적 리더십의 효과'. 〈한국심리학회지: 산업 및 조직〉, 18(2), 337-360.

51 장정일(2015). 《장정일의 공부: 무엇에도 휘둘리지 않는 삶을 위한 가장 평범하지만 가장 적극적인 투쟁》. 알에이치코리아.

52 Frege, C. M.(2008). The history of industrial relations as a field of study. SAGE Publications.

53 이영주(2018). '손정의 회장 재산 28조 8,000억 원… 2년 연속 일본 최고 부자'. 〈인사이트코리아〉. Retrieved from http://www.insightkorea.co.kr/news/articleView.html?idxno=23926

54 Martin, J., Feldman, M. S., Hatch, M. J., & Sitkin, S. B.(1983). The uniqueness paradox in organizational stories. Administrative Science Quarterly, 438-453.

55 최욱희, & 전재균(2015). '호텔 기업의 고객경험품질(EXQ)이 고객감정을 매개로 고객 행동 의도에 미치는 영향'. 〈호텔경영학연구〉, 24(7), 73-92.

56 잭 젠거, 조셉 포크먼(2009). 《탁월한 리더는 어떻게 만들어지는가 평범한 관리자를 탁월한 리더로 만드는 리더십 개발 프로그램》. 김준성, 이승상 옮김. 김앤김북스

57 Goleman, D.(2000). Leadership that gets results. Harvard Business Review, 78(2), 4-17.

58 Seligman, M. E., & Csikszentmihalyi, M.(2014). Positive psychology: An introduction. In Flow

and the foundations of positive psychology (pp. 279-298). Springer Netherlands.

59 Luthans, F., Avolio, B. J., Avey, J. B., & Norman, S. M.(2007). Positive psychological capital: Measurement and relationship with performance and satisfaction. Personnel Psychology, 60(3), 541-572.

60 Lombardo, M. M., & Eichinger, R. W.(2000). High potentials as high learners. Human Resource Management, 39(4), 321-329.

61 앤절라 더크워스(2016).《그릿(Grit): IQ, 재능, 환경을 뛰어넘는 열정적 끈기의 힘》. 비즈니스북스.

62 Barrick, M. R., & Mount, M. K.(1991). The big five personality dimensions and job performance: a meta-analysis. Personnel Psychology, 44(1), 1-26.

63 Carette, B., Anseel, F., & Lievens, F.(2013). Does career timing of challenging job assignments influence the relationship with in-role job performance?. Journal of Vocational Behavior, 83(1), 61-67.

64 Koene, B. A., Vogelaar, A. L., & Soeters, J. L.(2002). Leadership effects on organizational climate and financial performance: Local leadership effect in chain organizations. The Leadership Quarterly, 13(3), 193-215.

65 Siegel, E.(2013). Predictive analytics: The power to predict who will click, buy, lie, or die. John Wiley & Sons

66 Garvin, D. A., Wagonfeld, A. B., & Kind, L.(2013). Google's Project Oxygen: Do Managers Matter?. Harvard Business School Publishing Corporation.

67 앤절라 더크워스(2016).《그릿(Grit): IQ, 재능, 환경을 뛰어넘는 열정적 끈기의 힘》. 비즈니스북스.

68 "GE's Next Great CEO", Susan Peters's Linkedin Blog. Retrieved from https://www.linkedin.com/pulse/ges-next-great-ceo-susan-peters/

69 Hogan, R., & Kaiser, R. B.(2005). What we know about leadership. Review of General Psychology, 9(2), 169-180.

70 French, J. R., Raven, B., & Cartwright, D.(1959). The bases of social power. Classics of Organization Theory, 7.

71 나카자와 신이치(2005).《곰에서 왕으로: 국가, 그리고 야만의 탄생》. 동아시아.

72 Fleishman, E. A.(1953). The description of supervisory behavior. Journal of Applied Psychology, 37(1), 1-6.
Hemphill, J. K., & Coons, A. E.(1957). Development of the leader behavior description and measurement. Columbus: Business Research, Ohio State University, 1-18.

73 Fleishman, E. A., & Harris, E. F.(1962). Patterns of leadership behavior related to employee grievances and turnover. Personnel Psychology, 15(1), 43-56.

74 Clariana, R. B., Wallace, P. E., & Godshalk, V. M.(2009). Deriving and Measuring Group Knowledge Structure from Essays: The Effects of Anaphoric Reference. Educational

Technology Research and Development, 57(6), 725-737.

75 Rosenthal, R., & Jacobson, L.(1968). Pygmalion in the classroom. The Urban Review, 3(1), 16-20.

76 Tierney, P., & Farmer, S. M.(2004). The Pygmalion process and employee creativity. Journal of Management, 30(3), 413-432.

77 Duan, J., Li, C., Xu, Y., & Wu, C. H.(2017). Transformational leadership and employee voice behavior: A Pygmalion mechanism. Journal of Organizational Behavior, 38(5), 650-670.

78 McGregor, D.(1960). The human side of enterprise(Vol. 21, No. 166-171). New York.

79 이건희(1997).《생각 좀 하며 세상을 보자》. 동아일보사.

80 Weick, K. E., Sutcliffe, K. M., & Obstfeld, D.(2005). Organizing and the process of sensemaking. Organization Science, 16(4), 409-421.

81 김양민(2019). '美 맨 협곡 화재가 비극이 된 원인은…집단적 센스 메이킹이 위기를 해결한다'. 〈동아 비즈니스 리뷰〉, 282호.

82 Ancoda, D.(2012). "Sensemaking: Framing and acting in the unknown." In Snook, S., Nohria, N., & Khurana, R.(Ed), The handbook for teaching leadership: knowing, doing, and being. Los Angeles: SAGE Publications.

83 Eisenstat, R. A., Beer, M., Foote, N., Fredberg, T., & Norrgren, F.(2008). The uncompromising leader. Harvard Business Review, 86(7/8), 50.

84 Kizilos, M.(2014). Intensity and Stretch: The Drivers of On the Job Development. Experience-Driven Leader Development, 7-14.

85 고운기(2018). '同伴者型 설화 속의 元曉-해골바가지 사건의 새로운 해석을 중심으로'. 〈열상고전연구〉, 61, 11-38.

86 아툴 가완디(2015).《어떻게 죽을 것인가: 현대 의학이 놓치고 있는 삶의 마지막 순간》. 김희정 옮김. 부키.

87 아툴 가완디(2015).《어떻게 죽을 것인가: 현대 의학이 놓치고 있는 삶의 마지막 순간》. 김희정 옮김. 부키.

88 Carstensen, L. L.(1992). Social and emotional patterns in adulthood: support for socioemotional selectivity theory. Psychology and Aging, 7(3), 331.

89 Carstensen, L. L., Isaacowitz, D. M., & Charles, S. T.(1999). Taking time seriously: A theory of socioemotional selectivity. American Psychologist, 54(3), 165.

90 레비 스트로스(1998).《슬픈 열대》. 한길사.

91 레비 스트로스(1998).《슬픈 열대》. 한길사.

92 레비 스트로스(1998).《슬픈 열대》. 한길사.

93 우지음(2015). '클래식과 재즈의 크로스오버 유형과 사례'. 아트인사이트. Retrieved from http://www.artinsight.co.kr/news/view.php?no=16201